Mark Hitchcock

KÖNNTE DIE ENTRÜCKUNG HEUTE STATTFINDEN?

Christlicher Mediendienst – **CMD**

Originally published in English under the title:
Could the Rapture Happen Today? by Mark Hitchcock
Copyright © 2005 by Mark Hitchcock
Published by Multnomah Books
a division of Random House, Inc.
12265 Oracle Boulevard, Suite 200
Colorado Springs, Colorado 80921 USA

All non-English language rights are contracted through:
Gospel Literature International
P.O. Box 4060, Ontario, California 91761-1003 USA

This translation published by arrangement with
Multnomah Books, a division of Random House, Inc.

© Copyright der deutschsprachigen Ausgabe by **CMD**
1. Aufl. 2008
2. Aufl. 2015

Christlicher Mediendienst Hünfeld GmbH – **CMD**
Postfach 1322
D-36082 Hünfeld
Tel: (06652) 91 81 87
Fax: (06652) 91 81 89
e-Mail: mail@mediendienst.org
Internet: www.mediendienst.org

ISBN: 978-3-939833-13-0

Übersetzung: Svenja Tröps, Siegen
Umschlaggestaltung: Michael Leister, Hünfeld
Satz & Layout: Oleksandr Hudym, Berlin

Anmerkung: Die Bibelzitate wurden – wenn nicht anders vermerkt – der Revidierten Elberfelder Übersetzung entnommen. © Copyright Brockhaus Verlag

KÖNNTE DIE ENTRÜCKUNG HEUTE STATTFINDEN?
Mark Hitchcock

Für Don und Damaris Knobler
Danke für eure treue Freundschaft, eure Unterstützung und Ermutigungen. Cheryl und ich hätten die Jahre im theologischen Seminar nicht ohne euch überstanden. Wir werden eure Freundlichkeit nie vergessen – und unser kostbarer Herr erst recht nicht.

Gott ist nicht ungerecht. Er wird nicht vergessen, wie ihr für ihn gearbeitet und eure Liebe zu ihm bewiesen habt und weiter beweist durch eure Fürsorge für andere, die auch zu Gott gehören
(Hebräer 6,10 – NLÜ).

INHALTSVERZEICHNIS

Einleitung 7

Erster Teil: Die Wahrheit der Entrückung 11
Kapitel 1 Die Entrückung wird offenbart 12
Kapitel 2 Zehn Aspekte der Entrückung 17
Kapitel 3 Die Entrückung der Gemeinde 43
Kapitel 4 Die sieben Entrückungen der Bibel 47

Zweiter Teil: Der Zeitpunkt der Errettung 57
Kapitel 5 Die fünf Sichtweisen über den Zeitpunkt
  der Entrückung 58
Kapitel 6 Die Gemeinde im Buch der Offenbarung 65
Kapitel 7 Die Entrückung dem Zweiten Kommen
  gegenübergestellt 69
Kapitel 8 Vom göttlichen Zorn ausgenommen 73
Kapitel 9 Der zeitliche Abstand zwischen Entrückung
  und Zweitem Kommen 95
Kapitel 10 Die Hinwegnahme des Zurückhaltenden 101
Kapitel 11 Dringlichkeit: Die Unmittelbarkeit der
  Entrückung 106
Kapitel 12 Segensreiche Hoffnung 112

Dritter Teil: Fragen zur Entrückung 115
Kapitel 13 Zehn häufig gestellte Fragen zur Entrückung 116
Frage Nr. 1: *Ist die Lehre der Entrückung vor der Trübsal
  eine neuere Erkenntnis?* *116*

Frage Nr. 2: *Kann jemand, der das Evangelium vor der Entrückung gehört und abgelehnt hat, während der Trübsalszeit errettet werden?* 121

Frage Nr. 3: *Was passiert mit den Babys und Kindern bei der Entrückung?*. 123

Frage Nr. 4: *Wenn alle Gläubigen vor der Trübsalszeit entrückt werden, wer sind dann die Gläubigen auf der Erde während der Trübsal?* 125

Frage Nr. 5: *Wenn alle Gläubigen vor der Trübsal in den Himmel entrückt werden, warum steht dann so viel über diese Zeit in der Bibel?* 127

Frage Nr. 6: *Wiegt die Lehre von der Entrückung vor der Trübsal die Leute nicht in einer falschen Hoffnung?* 130

Frage Nr. 7: *Darf man überhaupt ein Datum für die Entrückung nennen?* 131

Frage Nr. 8: *Können die entrückten Gläubigen vom Himmel aus die Ereignisse der Trübsalszeit auf der Erde mitverfolgen?* 135

Frage Nr. 9: *Gibt es Prophetien, die zunächst noch erfüllt werden müssen, bevor die Entrückung stattfinden kann?* 136

Frage Nr. 10: *Wie werden die zurückgebliebenen Menschen die Entrückung erklären?* 137

Vierter Teil: Die Lehren der Entrückung für uns heute / für unsere Zeit **139**

Kapitel 14: Vor der Trübsal und vorbereitet. 140

Anhang: „50 Argumente für eine Entrückung vor der Trübsal" von John F. Walvoord 149

Ein Vorschlag für den Ablauf der Endzeit. 156

EINLEITUNG

Vor einigen Jahren stolperte ich über eine dieser Top-Ten-Listen, die sich heute so großer Beliebtheit erfreuen. Diese hieß: *Zehn Punkte, anhand derer man feststellen kann, ob man prophetiesüchtig ist.* Da ich selber schon viele Stunden über dieses Thema nachgedacht hatte und sogar darüber predigte, wollte ich mir die Liste doch einmal zu Gemüte führen. Hier sind sie:

1. Sie lassen immer das Verdeck Ihres Cabrios unten – falls die Entrückung stattfindet.
2. Sie kaufen nie grüne Bananen.
3. Sie überreden Ihre Gemeinde, dass man den 60er Jahre Schlager „Up, Up and Away" ins Gemeindeliederbuch aufnimmt.
4. Sie werden nervös, wenn jemand mit einem Barcode-Scanner an sie herantritt.
5. Sie verweigern die Annahme einer Steuerrückzahlung, weil man Ihnen die Summe von 666 Euro erstatten will.
6. Sie kennen die Zeichen der Endzeit besser als die Zehn Gebote.
7. Sie glauben, dass die Scofield-Anmerkungen auch im griechischen und hebräischen Urtext der Bibel stehen.
8. Sie glauben, dass der Begriff „Glaubensväter" sich auf Hal Lindsey und Tim LaHaye bezieht.
9. Sie bekommen eine Gänsehaut, wenn Sie eine Posaune hören.
10. Sie machen Ihre Stille Zeit mit den Büchern der Finale-Reihe.[1]

Ich würde mich selbst zwar nicht als prophetiesüchtig bezeichnen, aber großes Interesse habe ich auf jeden Fall. Durch die Beschäftigung mit dem Thema Endzeit habe ich ein viel größeres Verständnis für den Rest der Bibel bekommen. Und obwohl mir viele Aspekte dieses umfassenden Themengebietes einfallen, die mein Leben nachhaltig beeinflusst haben, so übertrifft doch ein Aspekt alle anderen: die Entrückung.

Ich werde nie vergessen, wie mir das erste Mal diese wunderbare Wahrheit erklärt wurde, wie es mein Herz ergriff und meine Phantasie beflügelte. Die Entrückung ist viel mehr als *ein* Ereignis im Heilsplan Gottes. Es geht um eine Person. Es geht um Jesus, der per-

---

[1] *The Lamplighter*, Lion and Lamb Ministries (09+10/2000)

EINLEITUNG

sönlich vom Himmel herabkommt, um seine Heiligen in der Luft zu treffen und um sie zu sich in den Himmel zu holen, damit wir dort für immer in seiner Gegenwart sein dürfen.

Diese Lehre ist so vollmächtig, sie hat mich nie mehr losgelassen. Fast jeden Tag denke ich darüber nach. Sie hat mein Leben massiv geprägt ... und beeinflusst mich heute noch. Vielleicht sagen Sie sich: „Schon wieder ein Buch über die Entrückung ..."

Die Lehre der Entrückung vor der Trübsalszeit ist in den letzten Jahren durch den Erfolg der Finale-Reihe von Tim LaHaye und Jerry Jenkins populär geworden. Aber die breite Akzeptanz dieser Lehre rief auch viele Kritiker auf den Plan, die nun mehr als je zuvor in der Geschichte der Gemeinde mit aller Kraft dagegen argumentieren.

Das Ziel dieses Buches ist, die Heilige Schrift Gottes zu Wort kommen zu lassen und zu forschen, was wir darin über die Entrückung und ihren Zeitpunkt in Bezug zur Trübsalszeit finden. Ich werde die Lehre der Entrückung *vor* der Trübsalszeit verteidigen. Sie ist die einzige Sicht, die davon ausgeht, dass die Entrückung heute stattfinden könnte, in diesem Augenblick, beim nächsten Augenzwinkern.

Die meisten Bücher, die ich zu diesem Thema gefunden habe, sind entweder zu oberflächlich oder zu wissenschaftlich geschrieben, mit viel zu vielen Details oder mit viel zu wenigen. Ich behaupte nicht, dass ich genau ins Schwarze getroffen und das perfekte Maß an Informationen habe. Ich hoffe jedoch, dass dieses Buch einen einfachen und verständlichen Überblick über die biblische Lehre von der Entrückung bietet. Damit wir uns dabei nicht verirren, habe ich die Fülle an Informationen in vier Bereiche gebündelt:

1. Die Wahrheit der Entrückung (Was ist das?)
2. Der Zeitplan der Entrückung (Wann findet sie statt in Bezug zur Trübsalszeit?)
3. Fragen zur Entrückung (Zehn Fragen, die Leute wie Sie und ich stellen würden)
4. Die Lehre über die Entrückung in heutiger Zeit (Wie die Wahrheit der Entrückung unser tägliches Leben beeinflussen sollte)

Einiges muss ich bei Ihnen, dem Leser, voraussetzen, damit wir auch vorankommen. Ich nehme an, dass Ihnen einige zentrale Ereignisse der Endzeit bekannt sind. Aber ich möchte sichergehen, dass wir tatsächlich auf dem gleichen Wissensstand sind und werde deshalb vorab einen kurzen Überblick geben und einige Schlüsselbegriffe nennen, die Ihnen in diesem Buch immer wieder begegnen werden.

Die Entrückung der Gemeinde in den Himmel

Die Entrückung ist ein Ereignis, das buchstäblich jederzeit stattfinden kann. In jenem Bruchteil einer Sekunde werden alle Menschen, die Jesus Christus als ihren persönlichen Herrn und Heiland angenommen haben – und zwar die Lebenden und die Toten – in die Luft gehoben werden, wo sie den Herrn treffen werden. Sie werden mit ihm zusammen in den Himmel verschwinden, um mindestens sieben Jahre später bei seinem Zweiten Kommen mit Jesus auf die Erde zurückzukehren (vgl. Joh 14,1-3; 1Kor 15,50-58; 1Thess 4,13-18).

Die siebenjährige Trübsalszeit

Die Trübsalszeit sind die letzten sieben Jahre dieses Zeitalters. Diese Periode beginnt mit einem Friedensvertrag zwischen Israel und dem Antichristen und endet mit dem Zweiten Kommen Jesu Christi zur Erde. In der Trübsalszeit wird der Herr in aufeinander folgenden Gerichtswellen seinen Zorn über die Erde ausgießen. Aber der Herr wird auch seine Gnade ausgießen und in diesem Zeitabschnitt Millionen von Menschen erretten (vgl. Offb 6 – 19).

Die dreieinhalbjährige Weltherrschaft des Antichristen

In dieser letzten Hälfte der Trübsalszeit wird der Antichrist die politische, wirtschaftliche und religiöse Weltherrschaft ausüben. Die gesamte Welt wird ihm die Treue schwören; wer dies nicht tut, wird verfolgt und getötet (vgl. Offb 13,1-18).

Die Schlacht von Harmageddon

Die Schlacht oder der Kampf von Harmageddon ist das letzte Kapitel der Großen Trübsal, wenn alle Armeen der Erde zusammengezogen werden, um gegen Israel zu kämpfen und um ein für alle Mal die Juden auszulöschen (vgl. Offb 14,19-20; 16,12-16; 19,19-21).

EINLEITUNG

Das Zweite Kommen Christi auf die Erde

Der Höhepunkt der Menschheitsgeschichte ist die wörtlich gemeinte, sichtbare, greifbare und herrliche Rückkehr Jesu Christi auf die Erde, wo er die gegen Israel aufmarschierten Armeen vernichten und sein Königreich auf Erden errichten wird.

Die tausendjährige Herrschaft Christi auf Erden

Nach der herrlichen Wiederkunft des Herrn wird Satan für eintausend Jahre gebunden und in den Abgrund geworfen (vgl. Offb 20,1-3). Dieser tausendjährige Zeitabschnitt wird auch oft das Millennium genannt. In dieser Zeit wird der Herr Jesus über die wiederhergestellte Erde herrschen und regieren. Die Gläubigen, welche die Trübsal überlebt haben, werden dort in ihrem menschlichen Körper leben. Alle anderen Gläubigen werden mit Christus regieren und herrschen (vgl. Offb 19,4-6).

Gottes Blaupause für die Endzeit

Mein aufrichtiges Gebet lautet, dass Gott dieses Buch in Ihrem Leben gebraucht, damit Sie erkennen, dass die Entrückung jederzeit stattfinden kann und Jesus kommt, um uns abzuholen. Seien Sie bereit dafür, seien Sie bereit, dem Herrn gegenüberzutreten, wenn er kommt. Es könnte heute sein!

Maranatha
Komm, Herr Jesus!
Mark Hitchcock

ERSTER TEIL
DIE WAHRHEIT DER ENTRÜCKUNG

Wenn das Thema der Entrückung auf den Tisch kommt, ist es ganz natürlich, dass die meisten Menschen sofort zu dem „Wann-Teil" weiterblättern möchten. Wann wird sie stattfinden? Welche Auslegung ist die richtige? Wird die Entrückung vor, während oder am Ende der Trübsalszeit geschehen?

Aber im Laufe der Jahre habe ich die Erfahrung gemacht, dass die meisten Menschen kein klares Verständnis davon haben, *was* die Entrückung eigentlich ist. Viele haben ein verschwommenes Bild von dem, was passieren wird, wenn die Posaune erschallt. Um sicher zu gehen, dass wir alle das gleiche Drehbuch haben, möchte ich ganze vier Kapitel darauf verwenden zu erklären, *was* die Entrückung ist.

Egal ob Sie ein Novize im Bereich der biblischen Prophetie sind oder ein abgebrühter Veteran – ich denke, dass Ihnen diese Kapitel helfen werden, ein klareres Verständnis zu bekommen, worum es bei diesem wundersamen Ereignis eigentlich geht.

KAPITEL 1
DIE ENTRÜCKUNG WIRD OFFENBART

Die aktuelle Weltlage hat unsere Aufmerksamkeit so sehr wie nie zuvor darauf gelenkt, was die Zukunft für die Welt, die Gemeinde und Israel bereithalten wird. In dieser hochexplosiven und schnelllebigen Phase der Menschheitsgeschichte ist es ganz natürlich, dass man die Wiederkehr Jesu Christi in Frage stellt.
Wird Jesus wiederkommen?
Wann wird Jesus wiederkommen?
Was wird passieren, wenn er kommt?
Die meisten Menschen, auch die mit wenig oder gar keinem religiösen Hintergrund, scheinen ein Gespür dafür zu haben, dass diese Welt „ihrem Ende" zugeht. Man hofft, dass Jesus wiederkommt, vielleicht schon bald, um die Seinen in den Himmel zu entrücken. Viele Menschen glauben, dass die Entrückung das nächste Ereignis in Gottes prophetischem Kalender ist.

Laut einer Umfrage der Zeitschrift *Newsweek* im Mai 2004 glauben 55% der Amerikaner „dass die Gläubigen bei der Entrückung in den Himmel geholt werden."[2] Das ist unfassbar. Über die Hälfte der Menschen in den Vereinigten Staaten glauben an ein Ereignis, das im Allgemeinen „Entrückung" genannt wird.

Ich bin mir sicher, dass es bei den Teilnehmern dieser Umfrage noch einige Fragezeichen bezüglich der Details der Entrückung gibt. Manche haben sich vielleicht schon näher mit dem Thema beschäftigt, aber werden völlig verwirrt, wenn man sie mit den unterschiedlichen Sichten dieses Themas konfrontiert. Viele andere haben wahrscheinlich nur vage und ungenaue Vorstellungen.

Ich möchte diesen Menschen gerne helfen und ihnen Klarheit verschaffen. Dazu stelle ich zunächst einmal die grundlegendste Frage:

Was ist die Entrückung?
Vereinfacht gesagt ist die Entrückung der Gemeinde das zukünftige Ereignis, bei dem Jesus Christus vom Himmel herabkommt, die verstorbenen Gläubigen auferweckt und die Körper der lebenden Gläu-

---

2 David J. Jefferson und Anne Underwood, „The Pop Prophets", *Newsweek*, 24. Mai 2004, S. 48

bigen in einem Nu verwandelt, sie entrückt und in seine herrliche Gegenwart bringt, um sie dann in den Himmel zu eskortieren und dort für immer mit ihnen zusammenzuleben.

Das war's eigentlich schon – kurz und bündig.

Die Entrückung ist die segensreiche Hoffnung der Gemeinde.

„Aber wenn die Entrückung so zentral und wichtig ist", so fragt man oft, „wie kommt es, dass das Wort *Entrückung* gar nicht in der Bibel steht?"

(Anmerkung des Übersetzers: Dies gilt für englische Bibelübersetzungen. In den deutschen Bibeln finden wir den Substantiv *Entrückung* in Hebräer 11,5: „Durch Glauben wurde Henoch entrückt, so dass er den Tod nicht sah, und er wurde nicht gefunden, weil Gott ihn entrückt hatte; denn vor der *Entrückung* hat er das Zeugnis gehabt, dass er Gott wohlgefallen habe". Das Verb *entrücken* steht sogar an diversen Stellen.)

Warum steht das Wort Entrückung *nicht in der Bibel?*

Vor einigen Jahren saßen ein Freund und ich zusammen in einem Restaurant in Downtown Oklahoma City. Mein Freund stellte mir ein paar Fragen über die Bibel und die Endzeit und auch das Thema Entrückung kam auf. Er wollte wissen, was genau passieren würde, wenn die Entrückung stattfindet.

Nachdem ich ihm kurz geantwortet hatte, stand der Mann vom Nachbartisch auf, um das Lokal zu verlassen. Er kam kurz zu uns rüber und sagte, er habe unser Gespräch mitgehört. Er wollte meinen Freund wissen lassen, dass alles, was ich erklärt hatte, falsch sei. Seine Argumentation basierte darauf, dass das Wort Entrückung noch nicht einmal in der Bibel auftauche. Er fragte, wie ich etwas glauben könne, das noch nicht einmal in der Bibel stünde.

Er hatte insofern Recht, dass der genaue Terminus *Entrückung* (Englisch: *rapture*) tatsächlich nicht in den gebräuchlicheren englischen Bibelübersetzungen auftaucht. Aber er lag falsch in seiner Behauptung, dass das mit *Entrückung* titulierte Ereignis nicht in der Bibel steht.

Lassen Sie mich das erklären: Wenn Sie alle 774747 Wörter der englischen King James Bibelübersetzung lesen würden – und das gilt auch für die anderen gängigen englischen Übersetzungen – dann würden Sie feststellen, dass der unhöfliche Zeitgenosse im Restaurant im buchstäblichen Sinne Recht hatte. Das Wort *Entrückung (rapture)* steht da einfach nicht. Genauso wenig würden Sie aber auch Begriffe wie Dreieinheit, Bibel oder Großvater finden. Aber trotzdem wissen wir, dass diese Dinge sehr real und wahr sind.

Der Begriff Entrückung findet sich in 1. Thessalonicher 4,17: „Danach werden wir, die Lebenden, die übrig bleiben, zugleich mit ihnen *entrückt* werden in Wolken dem Herrn entgegen in die Luft; und so werden wir allezeit beim Herrn sein." Das Wort *entrückt* ist die Übersetzung des griechischen *harpazo*, was auch mit „an sich reißen, ergreifen, plötzlich oder mit Gewalt wegnehmen" übersetzt werden kann.

Der Begriff *harpazo* taucht 13 Mal im Neuen Testament auf (vgl. Mt 11,12; 13,19; Joh 6,15; 10,12.28-29; Apg 8,39; 23,10; 2Kor 12,2.4; 1Thess 4,17; Jud 1,23; Offb 12,5). Nehmen Sie sich ruhig einen Augenblick Zeit und schlagen Sie diese Stellen nach. Sie werden feststellen, dass das Wort *harpazo* meistens mit „an sich reißen", „wegreißen", „ergreifen", „rauben" übersetzt wird (A.d.Ü: im Deutschen aber größtenteils mit „entrückt").

Der englische Begriff *rapture* leitet sich – wie so viele englische Wörter – aus dem Lateinischen ab. Ich erkläre Ihnen auch wieso. Im vierten Jahrhundert n. Chr. übersetzte der berühmte Gelehrte Hieronymus das Neue Testament aus dem Griechischen – in dem es abgefasst war – ins Lateinische. Seine Übersetzung ist bis heute als „Vulgata" bekannt. In 1. Thessalonicher 4,17 übersetzte Hieronymus den griechischen Begriff *harpazo* mit *raeptius*. Das lateinische Wort *rapio* bedeutet „ergreifen, wegreißen oder an sich reißen". Im Englischen fand man diesen Begriff später als *rapture* wieder.

So stimmt es also, dass der Begriff *rapture* in den meisten englischen Bibeln nicht auftaucht. Der Inhalt aber, dass der Herr die Gläubigen ergreift, um sie zu sich zu holen, wird ganz unmissverständlich in 1. Korinther 15,51-55 und 1. Thessalonicher 4,17 wiedergegeben. Man könnte diese Lehre also auch der Einfachheit halber „die Ergreifung der Gemeinde", „das Wegreißen der Gemeinde", „die Verwandlung der Gemeinde" oder „die *harpazo* der Gemeinde" nennen. Aber weil der Begriff *rapture* eine sehr gute Beschreibung dieses Ereignisses ist, sich durchgesetzt hat und allgemein akzeptiert wird, gibt es keinen Grund, warum man die Terminologie im Englischen plötzlich ändern sollte. (Im Deutschen haben wir dieses Problem nicht.)

Lassen Sie sich nicht von anderen beirren. Die Lehre der Entrückung ist sehr wohl in der Bibel zu finden. Aber verlassen Sie sich nicht auf das, was *ich* Ihnen sage. Schlagen Sie es selber im Wort Gottes nach.

Schlüsselverse zum Thema Entrückung

Viele Schreiber des Neuen Testaments beziehen sich auf die Entrückung, wie man an vielen Bibelstellen sehen kann, aber es gibt drei Abschnitte, die sich ausführlich mit dem Thema beschäftigen. Wenn Sie diese Abschnitte sorgfältig lesen, haben Sie sofort eine gute Übersicht, die direkt auf die Schrift fußt.

Euer Herz werde nicht bestürzt. Ihr glaubt an Gott, glaubt auch an mich! Im Hause meines Vaters sind viele Wohnungen. Wenn es nicht so wäre, würde ich euch gesagt haben: Ich gehe hin, euch eine Stätte zu bereiten? Und wenn ich hingehe und euch eine Stätte bereite, so komme ich wieder und werde euch zu mir nehmen, damit auch ihr seid, wo ich bin (Johannes 14,1-3).

Dies aber sage ich, Brüder, dass Fleisch und Blut das Reich Gottes nicht erben können, auch die Vergänglichkeit nicht die Unvergänglichkeit erbt. Siehe, ich sage euch ein Geheimnis: Wir werden nicht alle entschlafen, wir werden aber alle verwandelt werden, in einem Nu, in einem Augenblick, bei der letzten Posaune; denn posaunen wird es, und die Toten werden auferweckt werden, unvergänglich sein, und wir werden verwandelt werden. Denn dieses Vergängliche muss Unvergänglichkeit anziehen und dieses Sterbliche Unsterblichkeit anziehen. Wenn aber dieses Vergängliche Unvergänglichkeit anziehen und dieses Sterbliche Unsterblichkeit anziehen wird, dann wird das Wort erfüllt werden, das geschrieben steht: „Verschlungen ist der Tod in Sieg." „Wo ist, Tod, dein Sieg? Wo ist, Tod, dein Stachel?" Der Stachel des Todes aber ist die Sünde, die Kraft der Sünde aber das Gesetz. Gott aber sei Dank, der uns den Sieg gibt durch unseren Herrn Jesus Christus! (1. Korinther 15,50-57).

KAPITEL 1

> *Wir wollen euch aber, Brüder, nicht in Unkenntnis lassen über die Entschlafenen, damit ihr nicht betrübt seid wie die Übrigen, die keine Hoffnung haben. Denn wenn wir glauben, dass Jesus gestorben und auferstanden ist, wird auch Gott ebenso die Entschlafenen durch Jesus mit ihm bringen. Denn dies sagen wir euch in einem Wort des Herrn, dass wir, die Lebenden, die übrig bleiben bis zur Ankunft des Herrn, den Entschlafenen keineswegs zuvorkommen werden. Denn der Herr selbst wird beim Befehlsruf, bei der Stimme eines Erzengels und bei dem Schall der Posaune Gottes herabkommen vom Himmel, und die Toten in Christus werden zuerst auferstehen; danach werden wir, die Lebenden, die übrig bleiben, zugleich mit ihnen entrückt werden in Wolken dem Herrn entgegen in die Luft; und so werden wir allezeit beim Herrn sein. So ermuntert nun einander mit diesen Worten! (1. Thessalonicher 4,13-18)*

Jetzt, da Sie die Wahrheit der Entrückung schon in ihren Grundzügen kennen gelernt haben, wollen wir etwas mehr ins Detail gehen.

KAPITEL 2
ZEHN ASPEKTE DER ENTRÜCKUNG

Die eindeutigste und ausführlichste Beschreibung der Entrückung findet man in 1. Thessalonicher 4,13-18. Der Apostel Paulus beschreibt in dieser Stelle zehn Aspekte der Entrückung.

Obwohl ich in diesem Kapitel primär auf 1. Thessalonicher 4,13-18 eingehe, werde ich mich auch auf Johannes 14,1-3 und 1. Korinther 15,50-57 beziehen, um die wunderbaren Aussagen von 1. Thessalonicher zu belegen und zu erklären.

1. Der Grund (1 Thess 4,13)

> *Wir wollen euch aber, Brüder, nicht in Unkenntnis lassen über die Entschlafenen, damit ihr nicht betrübt seid wie die Übrigen, die keine Hoffnung haben.*

Warum machte Paulus gerade *diese* Briefempfänger zu gerade *dieser* Zeit mit der Lehre der Entrückung vertraut?

Er nennt den Grund selber. Er wollte diese Brüder und Schwestern nicht in Unwissenheit lassen und sie gut informieren. Paulus war nicht einer von denen, die heutzutage behaupten: „Man muss sich nicht mit Prophetie auseinandersetzen." Ganz im Gegenteil, der Apostel meinte: „Ich will nicht, dass ihr im Trüben fischt, was die Entrückung und die Endzeit angeht."

Warren Wiersbe sagte einmal, dass die am schnellsten wachsende Gemeindebewegung in den USA diejenige sei, die man die Gemeinde der „unwissenden Brüder" nennen könnte. Paulus wollte dem vorbeugen.

Der Apostel schrieb den 1. Thessalonicherbrief, als er ungefähr um 50 n. Chr. während seiner zweiten Missionsreise einen längeren Aufenthalt in der griechischen Metropole Korinth einlegte. Paulus war nach Europa gereist, nachdem er eine Vision in Mazedonien empfangen hatte (vgl. Apg 16). Paulus, Lukas, Timotheus und Silas kamen in Neapolis an und reisten dann die ca. 15 km nach Philippi. Nachdem sie aus dieser Stadt rausgeworfen worden waren – das Prozedere kannten sie schon – legten sie ihren nächsten Zwischenstopp in Thessaloniki ein. Paulus blieb mindestens drei Wochen in dieser

Stadt – vielleicht sogar einige Monate (vgl. Apg 17,1-2).[3] Während seines Aufenthalts entstand eine neue Gemeinde.

Als er bei den Geschwistern in Thessaloniki lebte, muss Paulus sie intensiv über die Endzeit belehrt und auch mit der Entrückung, dem Zweiten Kommen, dem letzten Weltherrscher oder Antichristen vertraut gemacht haben (hätten Sie nicht auch gerne an *jenen* Prophetie-Bibelabenden teilgenommen?).

Aber es kam, wie es kommen musste. Paulus wurde von den jüdischen Anführern und Stadtvätern aus Thessaloniki gejagt, und so machte der Apostel sich auf den Weg nach Beröa. Von dort aus reiste er nach Athen und schließlich nach Korinth, wo er für achtzehn Monate Halt machte (vgl. Apg 18,11).

Als er in Korinth lebte und arbeitete, hörte er von Timotheus, dass es den Baby-Christen in Thessaloniki gut ginge und ihre junge Gemeinde stabil sei und stetig wachsen würde. Aber Timotheus erzählte ihm auch, dass die jungen Gläubigen dort einige ernstzunehmende Fragen quälen würden. Seit Paulus' Abreise waren ein paar aus ihren Reihen verstorben. Nun fragten sich die Geschwister in Thessaloniki, was mit ihren verstorbenen, gläubigen Freunden und Angehörigen geschehen würde. Würden sie die Entrückung verpassen, über die Paulus sie belehrt hatte? Würden sie zurückgelassen? Wären sie nur noch Christen zweiter Klasse? Würden sie die Segnungen der Wiederkunft Jesu verpassen? Wo war ihr Platz in Gottes Zukunftsplänen?

1. Thessalonicher 4,13-18 muss man also als Ergänzung der vorausgegangenen mündlichen Belehrungen über die Entrückung sehen. Paulus wollte den verängstigten und verstörten Thessalonichern Mut machen. Er erklärte ihnen, dass die in Christus Entschlafenen auf gar keinen Fall etwa verpassen würden; im Gegenteil, sie würden

---

3   Drei Faktoren sprechen dafür, dass Paulus sich länger als drei Wochen in Thessalonich aufhielt: 1. Während seines Aufenthalts in Thessalonich schickten die Gläubigen aus Philippi mindestens zwei Geldspenden an Paulus (Phil 4,16). Da Thessalonich über 150 Kilometer entfernt lag, deutet das auf einen längeren Zeitabstand hin. 2. Paulus lebte lange genug in Thessalonich, um dort seinem erlernten Beruf nachzugehen (vgl. 1Thess 2,9). 3. Die Tatsache, dass die meisten der Thessalonicher ursprünglich Heiden waren, deutet darauf hin, dass Paulus erst drei Wochen lang in der Synagoge für jüdische Zuhörer predigte und sich dann den Nationen in dieser Stadt zuwandte und ihnen das Evangelium verkündigte.

sogar „zuerst auferstehen" (V. 16), wenn Christus seine Gemeinde zu sich nimmt.

2. Der Ursprung (1 Thess 4,14a)

Denn wenn wir glauben, dass Jesus gestorben und auferstanden ist ...

Unser Glaube an den Tod und die Auferstehung Jesu Christi ist der Ursprung, die Wurzel, das Herzstück der Lehre über die Entrückung. Der Tod unseres Herrn am Kreuz, wo er den Preis für unsere Sünden mit seinem kostbaren Blut bezahlt hat, sichert unseren Platz im Himmel. Weil Jesus von den Toten auferstanden ist, haben wir die absolute Sicherheit, dass Gott den stellvertretenden Tod Christi für uns akzeptiert hat. Das ist das Fundament unseres christlichen Glaubens. Weil er für uns gestorben ist, ist uns vergeben worden. Weil er auferstanden ist, werden auch wir auferstehen.

Die Bibel nennt die Auferstehung Christi den „Erstling", die Garantie, den Entwurf für die Auferstehung seiner Kinder (vgl. 1Kor 15,20). Er ist das Haupt der Gemeinde und wir sind die Glieder an seinem Leib. Da ist es nur logisch, dass das, was mit dem Kopf passiert, auch mit dem Rest des Körpers geschehen wird. Sein Sieg über den Tod und das Grab garantiert unseren Sieg.

Der Ursprung der Entrückung ist der Tod und die Auferstehung Christi.

3. Die Vereinigung (1 Thess 4,14b)

... wird auch Gott ebenso die Entschlafenen durch Jesus mit ihm bringen.

Eine nahe liegende Frage, die die Thessalonicher vielleicht gestellt haben (und die Sie und ich genauso stellen würden), lautet: „Wie bekommen diejenigen, die in Christus gestorben sind, wieder einen Körper?" Antwort: durch die Auferstehung.

Bei der Entrückung wird Gott die vervollkommneten Seelen der Gläubigen aus dem Himmel mitbringen. Diese vollkommen gemachten Seelen werden mit ihren auferweckten Herrlichkeitsleibern vereinigt werden.

Um diese Vereinigung richtig begreifen zu können, muss man verstehen, was eigentlich genau passiert, wenn ein Mensch stirbt. In der Bibel hat Tod immer die Bedeutung von *Trennung*, nicht Auslöschung oder Ende einer Existenz.

Im Garten Eden wurde Adam gewarnt, dass er an dem Tag, an dem er von der verbotenen Frucht des Baumes der Erkenntnis von Gut und Böse esse, sicherlich sterben würde (vgl. 1Mo 2,17). Als Adam und Eva von der Frucht aßen, fielen sie aber nicht auf der Stelle tot um. Adam starb sogar erst 930 Jahre später. Aber in dem Moment, als er die Frucht in den Mund steckte, starb er geistlich, so wie Gott es gesagt hatte. Getrennt und entfremdet von ihrem Schöpfer waren sich Adam und Eva ihrer Schuld sofort bewusst. Sie schämten sich und bekleideten sich mit Blättern, um ihre Nacktheit und auch ihre Sünde zu bedecken.

Eine geistlich tote Person ist jemand, der geistlich von Gott getrennt ist (vgl. Eph 2,1). Wenn der Körper eines Menschen stirbt, hört dieser Mensch nicht auf zu existieren. Es findet nur eine Trennung von Körper und Geist statt. Bei dieser Trennung „schläft" der Körper ein und wird beerdigt. Aber die Seele/der Geist, der immaterielle Teil dieses Menschen, kommt sofort in den Himmel, sofern dieser Mensch gläubig war (vgl. 2Kor 5,8; Phil 1,23). In der Zeit zwischen dem körperlichen Tod und der Auferweckung existiert man in einem körperlosen Zustand, den Paulus in 2. Korinther 5,3 auch mit „nackt" bezeichnet.

Schauen Sie sich 1. Thessalonicher 4,13-15 an. Dort findet man dreimal das Wort die „Entschlafenen". Die Bibel benutzt diesen Euphemismus, d.h. diese Beschönigung, an vielen Stellen und meint damit den Tod (vgl. Mt 27,52; Joh 11,11; Apg 7,60; 13,36); das ist nicht zu verwechseln mit dem Seelenschlaf, der von den Siebentagsadventisten und den Zeugen Jehovas gelehrt wird. Sie behaupten, dass beim Tod eines Menschen sowohl sein Körper als auch seine Seele im Grab schlafen und erst bei der Auferstehung aufgeweckt werden. Mit anderen Worten meinen sie, der Körper zerfiele zu Staub und die Seele verharre in Bewusstlosigkeit.

Die Bibel lehrt jedoch klipp und klar, dass beim Tod eines gläubigen Menschen die „wache" Seele sofort in die Gegenwart des Herrn gebracht wird. Dies ist aus vielen Bibelstellen ersichtlich: Lukas 16,19-31; 23,39-43; Apostelgeschichte 7,56-60; 2. Korinther 5,8; Philipper 1,23.

Der Schlaf in 1. Thessalonicher 4,13-15 bezieht sich auf den Körper, nicht die Seele. Das griechische Wort für „Entschlafene" lautet *koimao*. Man bezeichnete damit den Ort, an dem die Körper der Verstorbenen beerdigt wurden. Dieser Ort wurde auch *koimeteria* genannt (das englische Wort *cemetery* hat dort seine Wurzeln). Mit *koimao* bezeichnete man aber auch Wohnheime oder Schlafsäle. Ein Friedhof ist ein „Wohnheim" für die schlafenden Körper derer, die gestorben sind.

Ich habe einmal die Grabinschrift eines Mannes gelesen, der in England beerdigt worden war. Sein Name war Solomon Peas (A.d.Ü.: Man beachte das Wortspiel; *pea* bedeutet *Erbse* im Englischen).

> Hier ruht der Körper von Solomon Peas,
> unter den Bäumen und unter der Wies.
> Aber die Hülse ist leer, Peas selbst ist fort,
> Peas brach heraus und ist nun bei Gott.

Auf diesem Grabstein kann man nachlesen, welche Folgen der Tod des Körpers für einen Christen hat. Die Erbse wird enthülst; das Innere geht zu Gott, während die leere Hülse zurückbleibt und beerdigt wird. Es hat eine Trennung stattgefunden.

Bei der Entrückung wird das Materielle mit dem Nicht-Materiellen wiedervereinigt. Die beim Tod vollzogene Trennung wird für immer aufgehoben. Der Herr führt den vollkommen gemachten Geist eines jeden Gläubigen aus dem Himmel mit sich und der Körper jedes Gläubigen wird in einer neuen, unverweslichen Form auferweckt. Der neue Körper und der Geist werden in der Luft zusammengeführt und danach nie mehr getrennt.

Die Entrückung wird eine herrliche und glorreiche Vereinigung sein.

4. Die Offenbarung (1Thess 4,15a)

Denn dies sagen wir euch in einem Wort des Herrn ...

Die nächste Frage, die jemand stellen könnte, lautet: „Paulus, woher nimmst du eigentlich dein Wissen? Wer hat dir das erzählt?"

Paulus antwortet, dass der Herr selber ihm dies alles mitgeteilt hat, „in einem Wort des Herrn" (V. 15).

Der Apostel hatte diese Botschaft wahrscheinlich bei einer der Gelegenheiten empfangen, als Jesus ihm persönlich erschienen war. Vielleicht aber auch in Arabien, während seiner Vorbereitungsphase (vgl. Gal 1,17). Es ist jedoch gar nicht so wichtig, *wann* er diese Botschaft empfangen hat. Entscheidend ist, dass er sich diese Aussage nicht einfach ausgedacht hat, sondern dass sie ihm von Gott offenbart wurde. Und darauf dürfen Sie sich verlassen!

5. Die Wiederkunft (1 Thess 4,15b-16)

... dass wir, die Lebenden, die übrig bleiben bis zur Ankunft des Herrn, den Entschlafenen keineswegs zuvorkommen werden. Denn der Herr selbst wird beim Befehlsruf, bei der Stimme eines Erzengels und bei dem Schall der Posaune Gottes herabkommen vom Himmel ...

Am Ende von Vers 15 beginnt der Apostel, den genauen Ablauf der Entrückung zu erklären. Er schreibt, dass diejenigen, die zum Zeitpunkt der Entrückung noch leben, den Toten nicht zuvorkommen werden, also nicht zuerst dran sind. Im Griechischen stehen hier zwei starke Verneinungen (*ou me*), die man auch mit „auf gar keinen Fall" oder eben „keineswegs" übersetzen kann. Dieser emphatische Ausdruck betont, dass die Lebenden nicht den Vortritt haben. Keineswegs!

Bei der Entrückung wird zuerst der Herr selbst in den Wolken „herabkommen vom Himmel" (V. 16). Jesus schickt keinen Engel oder sonstigen Stellvertreter. Der Herr selbst wird kommen! Die Entrückung beginnt mit der persönlichen Erscheinung Jesu am Himmel.

Der Befehlsruf

Die Wiederkunft Jesu wird von drei Dingen gekennzeichnet sein. Zuerst wird Jesus selbst uns rufen. Jesus sprach schon während seines irdischen Dienstes von diesem Befehlsruf: „Wundert euch darüber nicht, denn es kommt die Stunde, in der alle, die in den Gräbern sind, seine Stimme hören" (Joh 5,28).

Das griechische Wort für „Befehlsruf" beschrieb in der Antike einen General, der seinen Truppen einen Befehl zurief, einen Wagenlenker, der seine Pferde anfeuerte, einen Jäger, der seine Meute aufs Wild hetzte oder die Person an Bord einer Galeere, die den Ruderern Dampf machte.[4]

Dieser Befehlsruf ist der letzte laute Befehl oder Schrei des Heilands. Ist Ihnen auch aufgefallen, dass jedes Mal, wenn Jesus richtig laut ruft, Tote auferstehen?

1. Der Ruf *vor dem Grab* des Lazarus, als Jesus seinen Freund herausrief (vgl. Joh 11,43-44). Jemand hat einmal treffend bemerkt, dass Jesus nicht ohne Grund „Lazarus, komm heraus" gerufen hatte, denn wenn er auf diesem Friedhof einfach nur „Komm heraus" gerufen hätte, wären wohl alle Toten aus ihren Gräbern gekommen.
2. Der Schrei *am Kreuz*, als die Toten aus ihren Gräbern kamen (vgl. Mt 27,50-53).
3. Der Ruf *aus den Wolken*, wenn die Toten in Christus bei seiner Wiederkunft auferweckt werden (vgl. 1Thess 4,16).

Die Stimme des Erzengels

Auf den Befehlsruf folgend wird die Stimme eines Erzengels ertönen – mit großer Wahrscheinlichkeit wird dies der Erzengel Michael sein (vgl. Jud 1,9). Vielleicht ruft Michael die anderen Engel zusammen, um diesem herrlichen Wiedersehen in den Wolken beiwohnen zu dürfen. Oder vielleicht ist es auch ein Siegesruf oder Jubelschrei. Die Entrückung bedeutet einen großen Sieg für die Gläubigen, aber auch für die Engel. Es ist ein Triumph über die Mächte des Bösen.

Die Posaune

Drittens wird die Posaune Gottes ertönen. In der Bibel begegnet man Posaunen oft, wenn eine Zusammenkunft bevorsteht oder wenn man in die Schlacht zieht. Diese Posaune wird die Wiederkunft des Herrn ankündigen und seine Leute zusammenrufen, die sich bei ihm auf der Wolke sammeln werden. In 1. Korinther 15,52, der Parallelstelle

---

4   D. Edmond Hiebert, *1 & 2 Thessalonians* (Chicago: Moody Press, 1992), S. 211-212

zu 1. Thessalonicher 4,16, bezeichnet Paulus diese Posaune als die letzte Posaune.

Die Bezeichnung „bei der letzten Posaune" aus dem Korintherbrief hat schon viel Verwirrung gestiftet.[5] Anhänger der Lehre der Entrückung *in der Mitte* der Trübsalszeit stellen gerne einen Zusammenhang zwischen dieser Posaune und den sieben Posaunen aus Offenbarung 11 her. Sie behaupten, die siebte Posaune aus Offenbarung 11,15-17 sei dieselbe Posaune wie die letzte Posaune in 1. Korinther 15,52 und die Posaune in 1. Thessalonicher 4,16. Diese Auslegung ist wohl der Dreh- und Angelpunkt der Lehre der Entrückung in der Mitte der Trübsalszeit.

Untersucht man diese Stellen jedoch genauer, findet man heraus, dass man diese Posaunen nicht einfach gleichsetzen kann. Die einzige Gemeinsamkeit ist, dass es sich jedes Mal um eine Posaune handelt. Beobachten Sie bitte, dass es sich um zwei sehr verschiedene Kontexte handelt, in denen die Posaunen erschallen.

	Posaune in 1. Thessalonicher 4 und 1. Korinther 15,52	**Posaune in Offenbarung 11**
Thema	Gemeinde	Die böse Welt
Ergebnis	Hinwegnahme der Gemeinde, um beim Herrn zu sein	Gericht über eine gottlose Welt
Art	Posaune der Gnade Gottes	Gerichts-Posaune
Zeitpunkt	Signalisiert den Abschluss der Zeit der Gemeinde auf der Erde. Die letzte Posaune des Gemeinde-zeitalters	Markiert einen Höhepunkt im Ablauf der Endzeit-Gerichte

---

5   Die Erwähnung der Posaune im Zusammenhang mit der Entrückung hat viele den Schluss ziehen lassen, dass die Entrückung im Herbst stattfinden wird, während des jüdischen Festes des Schofarhorns oder „Rosch ha-Schana". Ich lehne diese Sicht aus zwei Gründen ab: Erstens, weil es die Unmittelbarkeit der Entrückung ausschließt. Wenn die Entrückung im Herbst eines Jahres während des Tags des Schofarblasens stattfinden muss, dann wüsste jeder nach diesem Fest, dass die Entrückung wieder nicht für ein Jahr stattfinden würde. Zweitens haben die jüdischen Feste eine primäre Bedeutung für das jüdische Volk und nicht für die Gemeinde. Das Fest des Schofars wird seine Erfüllung finden, aber nicht bei der Entrückung der Gemeinde, sondern am Ende der Trübsalszeit, wenn die Juden aus allen Ecken und Enden der Welt in ihr Land strömen, um unter der Herrschaft des Messias zu leben. Dann wird sich Matthäus 24,31 erfüllen.

Die Anhänger der Lehre der Entrückung *am Ende* der Trübsalszeit setzen oft die Posaune aus 1. Thessalonicher 4 und 1. Korinther 15 mit der Posaune in Matthäus 24,31 gleich, die am Ende der Trübsalszeit ertönen wird. „Und er wird seine Engel aussenden mit starkem Posaunenschall, und sie werden seine Auserwählten versammeln von den vier Winden her, von dem einen Ende der Himmel bis zu ihrem anderen Ende." Da dieser Posaunenschall am Ende der Trübsalszeit ertönt und daher die letzte Posaune ist, müsse es die gleiche sein wie in 1. Korinther 15,52.

So nicht! Die einzige Gemeinsamkeit hier ist die, dass beide Posaunen den Zweck haben, Gottes Kinder zu sammeln. Auch hier lassen sich einige Unterschiede finden.

	Posaune in 1. Thessalonicher 4 und 1. Korinther 15	**Posaune in Matthäus 24,31**
Thema	Gemeinde	Jüdische Gläubige in der Großen Trübsal
Kontext	Im Zusammenhang mit der Auferweckung der verstorbenen Gläubigen	Keine Erwähnung einer Auferstehung. Schwerpunkt liegt auf das Sammeln lebender Gläubiger, die über die ganze Erde zerstreut sind
Ergebnis	Zusammenführung der auferstandenen Gläubigen mit den zu jener Zeit lebenden Gläubigen; ein wunderbares Treffen mit dem Herrn in der Luft	Die Erwählten sind lebende Gläubige, die von allen Enden der Erde versammelt werden, um den Herrn zu treffen, der in offener Darstellung seiner Herrlichkeit auf die Erde zurückgekehrt ist
Zeichen	Keine Zeichen	Von Zeichen angekündigt

Nur weil die Posaune in 1. Korinther 15 die letzte Posaune genannt wird, muss es nicht heißen, dass es die letzte Posaune in Gottes ganzem prophetischen Plan ist. Die letzte Posaune, die im Kontext der Entrückung ertönt, ist die letzte Posaune dieses Zeitalters. Es ist die letzte Posaune im Zeitalter der Gemeinde. Es ist nicht die letzte Posaune, die jemals erschallen wird.

Dr. John Walvoord machte dies einmal an einem sehr einleuchtenden Beispiel deutlich:

Im Theologischen Seminar in Dallas, USA, werden die Unterrichtsstunden durch mehrere Klingelzeichen begonnen und beendet. Da es so viele Gongs gibt, kommt schon mal die Frage auf, welchen man eigentlich gerade gehört hat. Die Klingelzeichen ertönen zu folgenden Zeitpunkten: drei Minuten vor dem eigentlichen Unterrichtsbeginn ertönt ein Gong, sozusagen zur Vorwarnung, damit man sich für den Beginn des Unterrichts bereit macht. Dann ertönt natürlich ein Gong, wenn der Unterricht tatsächlich beginnen soll. Fünf Minuten vor Ende der Unterrichtsstunde hört man noch mal einen Gong als Vorwarnung und schließlich den ersehnten Gong am Ende der Stunde. Hört nun jemand den Gong, der als Vorwarnung zum Unterrichtsbeginn dienen soll, könnte er fragen: „War das das letzte Klingeln?" Die Antwort lautete: „Nein, das war das erste Klingeln." Erst drei Minuten später käme das letzte Klingeln, das den Anfang der Stunde signalisiert. Nach fünfundvierzig Minuten hört man dann den Gong, der als Vorwarnung für das Unterrichtsende dient. Auch hier könnte wieder jemand fragen: „War das der erste Gong?"

„Ja, das war der erste Gong", wäre jetzt die korrekte Antwort. Fünf Minuten später ertönt wieder ein Klingelzeichen – der letzte Gong für diese Unterrichtsstunde. Nach einer kurzen Pause würde der Zyklus der Klingelzeichen wieder für die nächste Unterrichtsstunde von vorne anfangen. Der letzte Gong einer Unterrichtseinheit klingelt wieder vor dem ersten Gong der neuen Stunde. Es wäre lächerlich, wenn jemand behaupten würde, dass alle „letzten" Klingelzeichen dieselben wären. Genauso ist es mit den Posaunen in der Schrift. Die letzte Posaune der Gemeinde ertönt lange vor irgendeiner Posaune der Offenbarung.[6]

---

6   John F. Walvoord, *The Thessalonian Epistles* (Grand Rapids: Lamplighter Books, k. J.), S. 44

Die letzte Posaune der Entrückung ist die letzte Posaune dieses Zeitalters, die Gottes Kinder zusammenruft, um ihrem Herrn in der Wolke zu begegnen.

Sehen und hören

Wenn ich diese wundervollen Verse von der Zukunft lese und von den lauten Stimmen und der Posaune, kommt mir sofort eine weitere Frage in den Sinn: Werden diejenigen, die bei der Entrückung auf der Erde zurückbleiben, die Posaune und die Stimme von Jesus und dem Erzengel hören können?

Natürlich will ich nicht einfach spekulieren, aber irgendwie scheint mir, dass die Nicht-Gläubigen dieser Welt diese Stimmen und Geräusche sehr wohl werden hören können – aber ich glaube, sie werden nichts sehen können. Ich stütze mich mit dieser Vermutung auf die Begebenheit in Apostelgeschichte 9,1-7, dem Bekehrungserlebnis von Saulus aus Tarsus auf der Straße nach Damaskus.

Bei dieser für ihn lebensverändernden Begegnung wurde Saulus vom Himmel her von einem hellen Licht umstrahlt, und er hörte eine donnernde Stimme. In Vers 7 steht: „Die Männer aber, die mit ihm des Weges zogen, standen sprachlos, da sie wohl die Stimme hörten, aber niemand sahen." Das Gleiche passierte in Johannes 12,28-30, wo die Stimme Gottes aus dem Himmel ertönte und die Umstehenden zwar das gewaltige Geräusch hörten, aber nicht verstanden, was gesagt wurde. Auch in Daniel 10,7, als Daniel eine Erscheinung hatte, die Männer um ihn herum jedoch nichts sehen konnten, aber von großer Angst erfüllt wurden. „Aber nur ich, Daniel, allein sah die Erscheinung. Die Männer, die bei mir waren, sahen die Erscheinung nicht; doch fiel eine große Angst auf sie, und sie flohen und versteckten sich."

Bei der Entrückung könnte es genauso sein. Die Nicht-Gläubigen würden womöglich die Geräusche und Stimme vernehmen, aber nichts erkennen. Die Gegner der Lehre der Entrückung vor der Trübsal bezeichnen diese Auslegung auch oft als „Geheim-Entrückung".

Geheim? Ich glaube, ich höre nicht richtig. Ein so spektakuläres und weltweites Ereignis kann gar nicht geheim vonstatten gehen. Die Erde wird von den Stimmen und dem Posaunenschall widerhallen und es wird große Verwirrung, Chaos, Terror, Angst und Schrecken herrschen, wenn der Herr die Seinen zu sich ruft.

Geschwindigkeit

Wie sieht der zeitliche Ablauf der Entrückung aus? Wie lange dauert jedes Detail? Laut Bibel findet alles unverzögert statt. In 1. Korinther 15,52 lesen wir, dass diese Dinge „in einem Nu, in einem Augenblick" geschehen. Im Griechischen finden wir für „Nu" das Wort *atomos*, von dem sich auch unser deutscher Begriff *Atom* ableitet. Es steht für die kleinste, nicht trennbare Einheit.

Als Paulus diesen Brief geschrieben hatte, dachte noch keiner daran, dass man ein Atom auch spalten könnte. Im Griechischen war *atomos* der kleinste Partikel der Materie. Heute könnte man den Ausdruck auch mit eine „atomare Sekunde", „den Bruchteil einer Sekunde" oder „wie der Blitz" übersetzen.

Und woher stammt „in einem Augenblick"? Im Griechischen steht für „Augenblick" *rhipe*. Für diesen Ausdruck gibt es zwei Auslegungen. Einige glauben, dass es die superschnelle Geschwindigkeit des Lichts beschreibt, das vom menschlichen Auge reflektiert wird. Ich kann Ihnen nicht sagen, wie schnell das geht, aber es ist *sehr* schnell. Mir fällt dann immer ein Trainer ein, der einmal beschrieb, wie schnell einer seiner Spieler sei. Der stolze Trainer erzählte, sein Spieler sei so flink, er könne abends das Deckenlicht im Zimmer ausknipsen und sei im Bett, bevor es dunkel geworden sei. Das ist schon ziemlich schnell.

Die zweite Auslegung konzentriert sich auf das Auge und die Zeit, die man braucht, um mit dem Auge zu zwinkern. Da es die schnellste Bewegung des menschlichen Körpers ist, ist es eine wirklich gute, für jeden verständliche Beschreibung eines winzigen Zeitraums. Ich vermute, dass sich 1. Korinther 15,52 genau darauf bezieht.

Ich habe einmal gelesen, dass ein Augenzwinkern nur eine fünfzigstel Sekunde dauert. Durchschnittlich zwinkert ein Mensch 25-mal in einer Minute. (Das heißt also, dass bei einer zehnstündigen Fahrt mit einer Durchschnittsgeschwindigkeit von 110 km/h sechsundsechzig Kilometer mit geschlossenen Augen zurückgelegt werden!)

Aber egal für welche der beiden Auslegungen man sich für „in einem Augenblick" entscheidet, der Kerngedanke ist klar: Alles wird blitzartig schnell stattfinden. Im Bruchteil einer Sekunde. Alles wird so schnell gehen, dass das menschliche Auge es nicht erkennen kann.

Damit wir aber alles verstehen und begreifen können, lässt der Herr den Film in 1. Thessalonicher 4,16-17 in Zeitlupe ablaufen, damit wir alle Details erkennen können.

Lassen Sie uns zum nächsten Versabschnitt übergehen.

6. Die Auferstehung (1Thess 4,15b-16)

... und die Toten in Christus werden zuerst auferstehen;

Während des Bürgerkriegs musste ein Trupp Soldaten im Winter draußen auf offenem Feld schlafen, ohne Zelte. In der Nacht gab es einige Zentimeter Neuschnee. Im Morgengrauen beobachtete der Feldgeistliche etwas, was ihn sehr beeindruckte. Die eingeschneiten Soldaten sahen aus wie frisch aufgeworfene Grabhügel. Als das Signalhorn die Männer weckte, erhoben sich die Männer einer nach dem anderen aus ihren Schneedecken, ein Anblick, der den Geistlichen sehr drastisch an die bevorstehende Auferstehung von den Toten erinnerte.[7]

Wenn Christus aus dem Himmel herabkommt, werden als erstes die Leiber der verstorbenen Gläubigen auferstehen oder auferweckt werden und mit ihrem vervollkommneten Geist vereinigt werden, der ja mit Christus aus dem Himmel herabgekommen war. Die Toten in Christus werden zuerst hinauf gehoben. Jemand hat einmal bemerkt, die Toten in Christus müssten als erste entrückt werden, weil sie einen gut zwei Meter längeren Weg zurücklegen müssten. Da könnte tatsächlich was dran sein, aber Paulus ging es in erster Linie darum, den Thessalonichern zu zeigen, dass ihre verstorbenen Angehörigen und Freunde keinen Nachteil haben. Sie werden die Entrückung oder die daraus resultierenden Segnungen nicht verpassen, sondern sogar einen Vorsprung vor den Lebenden erhalten.

Diese auferweckten Leiber werden verherrlichte, unverwesliche Körper sein, genau zugeschnitten für ein Leben in den himmlischen Örtern (vgl. 2Kor 5,1-5). Hand aufs Herz: Wenn unsere äußere Hülle anfängt zu zerfallen, fangen wir an, uns nach der Verherrlichung zu sehnen. Ungeduldig erwarten wir unseren neuen, umgewandelten, perfekten Körper. In 2. Korinther 5,1-2 lesen wir:

---

[7] John F. MacArthur, Jr., *1 Corinthians* (Chicago: Moody Press, 1984), S. 444

Denn wir wissen, dass, wenn unser irdisches Zelthaus zerstört wird, wir einen Bau von Gott haben, ein nicht mit Händen gemachtes, ewiges Haus in den Himmeln. Denn in diesem freilich seufzen wir und sehnen uns danach, mit unserer Behausung aus dem Himmel überkleidet zu werden.

Aber wenn wir über unsere zukünftigen Auferstehungsleiber nachdenken, haben wir mehr Fragen als Antworten. Auch wenn die Bibel unsere Neugier nicht mit vielen Einzelheiten befriedigt, so vermittelt sie doch eine Grundidee davon, wie unsere neuen, verherrlichten Körper sein werden.

Ganz allgemein sehen wir in der Schrift, dass unsere neuen Körper wie der verherrlichte Auferstehungsleib unseres Herrn Jesus sein werden:

Denn unser Bürgerrecht ist in den Himmeln, von woher wir auch den Herrn Jesus Christus als Retter erwarten, der unseren Leib der Niedrigkeit umgestalten wird und seinem Leib der Herrlichkeit gleichförmig machen wird, nach der wirksamen Kraft, mit der er vermag, auch alle Dinge sich zu unterwerfen (Phil 3,20-21).

Geliebte, jetzt sind wir Kinder Gottes, und es ist noch nicht offenbar geworden, was wir sein werden; wir wissen, dass wir, wenn es offenbar werden wird, ihm gleich sein werden, denn wir werden ihn sehen, wie er ist (1Joh 3,2).

Was kennzeichnete den Auferstehungsleib Christi?

- Er bestand aus Fleisch und Knochen (vgl. Lk 24,39-40).
- Er konnte Nahrung aufnehmen (vgl. Lk 24,41-43; Joh 21,12-15).
- Er wurde von den Jüngern erkannt (vgl. Lk 24,31).
- Er war nicht an die physikalischen Naturgesetze von Zeit und Ort gebunden. Zweimal schritt Jesus durch die Wände eines Raumes, in dem die Jünger sich versammelt hatten (vgl. Lk 24,36; Joh 20,19). Ein andermal verschwand er plötzlich (vgl. Lk 24,31).

Die Bibel macht einige sehr spezifische Aussagen über die wichtigsten Aspekte unserer zukünftigen Körper in 1. Korinther 15,35.42-49:

Es wird aber jemand sagen: Wie werden die Toten auferweckt? Und mit was für einem Leib kommen sie? So ist auch die Auferstehung der Toten. Es wird gesät in Vergänglichkeit, es wird auferweckt in Unvergänglichkeit. Es wird gesät in Unehre, es wird auferweckt in Herrlichkeit; es wird gesät in Schwachheit, es wird auferweckt in Kraft; es wird gesät ein natürlicher Leib, es wird auferweckt ein geistlicher Leib. Wenn es einen natürlichen Leib gibt, so gibt es auch einen geistlichen. So steht auch geschrieben: „Der erste Mensch, Adam, wurde zu einer lebendigen Seele", der letzte Adam zu einem lebendig machenden Geist. Aber das Geistliche ist nicht zuerst, sondern das Natürliche, danach das Geistliche. Der erste Mensch ist von der Erde, irdisch; der zweite Mensch vom Himmel. Wie der Irdische, so sind auch die Irdischen; und wie der Himmlische, so sind auch die Himmlischen. Und wie wir das Bild des Irdischen getragen haben, so werden wir auch das Bild des Himmlischen tragen.

Acht wunderbare Fakten über unsere zukünftigen Körper

1. Sie können nicht erkranken, verfallen oder gar sterben. Sie sind unvergänglich. Unsere irdischen Körper wurden mit einem Verfallsdatum geboren. Unsere zukünftigen Körper werden niemals verschleißen.
2. Sie sind perfekt an unseren neuen Lebensort angepasst. Es werden „himmlische" Körper sein.
3. Jeder Körper wird individuell, einzigartig und von den Körpern anderer unterscheidbar sein. So wie alle Sterne und Planeten einzigartig sind und jeder auf seine Art herrlich ist, so werden wir einzigartig sein und zur Vielfalt im Himmel beitragen.
4. Sie werden unserem jetzigen Körper weit überlegen sein, so wie riesige Himmelskörper unserem kleinen Planeten weit überlegen sind.
5. Sie werden herrlich sein – „ein Leib der Herrlichkeit". Sie werden uns nie enttäuschen.
6. Sie werden stark und mächtig sein. Unser zukünftiger Körper wird einer unbezwingbaren Festung gleichen. Er wird niemals ermüden, niemals schlapp machen und niemals der Versuchung der Sünde nachgeben.

7. Sie werden geistlich sein. Das heißt nicht, dass sie nicht echt oder körperlich sein werden. Es bedeutet einfach nur, dass unsere neuen Körper uns gestatten, unsere geistliche Natur völlig zum Ausdruck kommen zu lassen.
8. Es wird ein starker Zusammenhang zu unserem alten Körper bestehen, aber trotzdem radikal anders. In 1. Korinther 15 verglich Paulus einen eingepflanzten Samen mit einem in der Erde begrabenen Körper (vgl. V.42 – 44). Wenn man einen Samen in die Erde sät, gibt es einen starken Zusammenhang, ein Fortbestehen dessen, was später wachsen wird. Ein Gerstenkorn wächst zu einer Gerstenpflanze. Eine Eichel wird zu einer Eiche. Ein Weizenkorn bringt Weizen hervor. Aber es haben große Veränderungen stattgefunden. Man denke nur einmal an den Unterschied zwischen einer kleinen Eichel und einer mächtigen Eiche. Oder die Verwandlung einer hässlichen, braunen, haarigen Tulpenzwiebel in eine wunderschöne Blume. Die erhabene Pracht einer Eiche kann man sich einfach nicht vorstellen, wenn man nur die Eichel kennt. Genauso verhält es sich auch bei unseren neuen Leibern. Der Fortbestand unseres Körpers (Samen), der in die Erde gelegt wird (gesät), ist für uns kaum vorstellbar.

Werden die Gräber aufgesprengt werden?

Noch eine Frage, die mir immer im Zusammenhang mit der Entrückung durch den Kopf gegangen ist – und Ihnen vielleicht auch: Werden die Gräber der Gläubigen weltweit geöffnet werden, wenn die Körper in die Luft, dem Herrn entgegen gehoben werden? Natürlich müssen die Gräber nicht geöffnet werden, um die Leiber herauszulassen. Die geistlichen Körper könnten durch die Erde hindurch gleiten, ohne auch nur einen Krümel Erde zu verschieben.

Aber wenn man sich Matthäus 27,52-53 anschaut, dann erscheint es mir sehr plausibel, dass die Gräber der Gläubigen bei der Entrückung geöffnet werden. „Und die Grüfte öffneten sich, und viele Leiber der entschlafenen Heiligen wurden auferweckt, und sie gingen nach seiner Auferweckung aus den Grüften und gingen in die heilige Stadt und erschienen vielen."

Laut diesem Vers wurden einige Gräber in Jerusalem in dem Augenblick geöffnet, als Jesus starb. Nach seiner Auferstehung am dritten Tag kamen die Gläubigen aus den Grüften heraus und gingen nach Jerusalem hinein. Diese auferweckten Gläubigen sind eine Vorschau auf die große Auferweckung bei der Entrückung. Weil auch damals die Gräber geöffnet wurden, erscheint es mir logisch, dass das Gleiche auch bei der Entrückung geschehen wird. Man sollte auch nicht vergessen, dass das Grab Jesu bei seiner Auferstehung geöffnet wurde. Dabei ging es weniger darum, ihn herauszulassen, sondern vielmehr diente das leere Grab als Beweis seiner Auferstehung. Vielleicht soll es genauso bei der Entrückung sein.

Denken Sie einmal darüber nach, was für ein Entsetzen dies bei den Zurückgebliebenen auslösen wird. Auf der ganzen Welt wird es offene, leere Gräber geben. Es wird der Tag der lebenden Toten sein.

7. Die Hinwegnahme (1 Thess 4,17a)

... danach werden wir, die Lebenden, die übrig bleiben, zugleich mit ihnen entrückt werden ...

Wir haben über die Auferweckung der Toten bei der Entrückung nachgedacht. Aber was ist nun mit den Lebenden? Viele Gläubige werden bei diesem Ereignis noch auf der Erde leben. Was passiert mit ihnen? Müssen sie zuerst sterben, damit sie auferweckt werden können?

Nicht Auferweckung, sondern Entrückung.

Wenn die Toten auferweckt worden sind, werden die lebenden Gläubigen sofort verwandelt und in die Gegenwart des sie rufenden Christus entrückt werden. Sie werden den Tod nicht schmecken. Sie werden nicht schlafen. Sie werden von der Erde weggerissen, um Christus in den Wolken zu treffen. Wie wir schon im ersten Kapitel gesehen haben, bedeutet *entrückt* soviel wie „wegreißen", „ergreifen". Alle zu diesem Zeitpunkt lebenden Gläubigen werden nicht sterben, sondern „ergriffen" werden, um beim Herrn zu sein.

Das größte Geheimnis der Welt

Wie in 1. Korinther 15 steht: „Wir werden nicht alle entschlafen, wir werden aber alle verwandelt werden." Dem Herrn sei Dank, dass dies für Millionen seiner Kinder gelten wird, wenn der Heiland und Retter vom Himmel herabkommt. Millionen von Gläubigen werden niemals den Stachel des Todes erleben müssen, sondern werden unmittelbar in die Gegenwart des Herrn in die Wolken gebracht werden. Dies ist das Geheimnis der Entrückung: dass Millionen von Gläubigen dem Tod und seinem Verursacher ein Schnippchen schlagen werden.

In 1. Korinther 15,51 lesen wir: „Siehe, ich sage euch ein Geheimnis: Wir werden nicht alle entschlafen, wir werden aber alle verwandelt werden." Warum wird die Entrückung hier als Geheimnis bezeichnet?

Im Neuen Testament ist ein Geheimnis kein schwieriges, kniffliges Puzzle oder Rätsel. Es ist noch nicht einmal kompliziert. Es ist eine Wahrheit, die zuvor noch nie enthüllt worden war. Bis zu dem Zeitpunkt, als sie offenbart wurde. Die Menschen wären ohne die göttliche Eingebung nie von selbst darauf gekommen. Epheser 3,5 definiert ein Geheimnis als etwas, „das in anderen Geschlechtern den Söhnen der Menschen nicht zu erkennen gegeben wurde, wie es jetzt seinen heiligen Aposteln und Propheten durch den Geist offenbart worden ist." Vers 9 des gleichen Kapitels fügt hinzu, dass ein Geheimnis „von den Zeitaltern her in Gott, der alle Dinge geschaffen hat, verborgen war." In Kolosser 1,26 lesen wir: „Das Geheimnis, das von den Weltzeiten und von den Geschlechtern her verborgen war, jetzt aber seinen Heiligen offenbart worden ist."

Die Tatsache, dass einige Gläubige nicht sterben, sondern in den Himmel entrückt werden würden, war eine absolute Neuigkeit, ein Wahrheit, die von Gott bis dato verborgen worden war. Es war eine neue Offenbarung – ein Geheimnis, das erst mit 1. Korinther 15 von Gott gelüftet worden war. Genau genommen hatte Paulus den 1. Thessalonicherbrief zuerst geschrieben, aber wenn man die Bibel Buch für Buch durchliest, kommt man zuerst zum 1. Korintherbrief. Und wenn man die Bibel von 1. Mose bis 1. Korinther 14 liest, dann würde man richtig schlussfolgern, dass man nur durch den Tod einen verherrlichten Körper bekommen und in den Himmel gelangen kann.

Das erinnert mich an eine Geschichte über einen Sonntagsschullehrer, der seinen Sechsjährigen erklären wollte, wie man in den Himmel kommen kann. Er wollte erst einmal herausfinden, welchen Wissensstand die Kleinen hatten und stellte deshalb einige Fragen:

„Wenn ich mein Haus verkaufen würde und mein Auto und meine ganzen Sachen und all mein Geld der Gemeinde schenken würde, würde ich *dadurch* in den Himmel kommen?"

„NEIN", riefen alle Kinder.

„Wenn ich jeden Tag in der Gemeinde sauber machen, dort Rasen mähen und alles aufräumen würde, würde ich *dann* in den Himmel kommen?"

Wieder schallte ihm ein einstimmiges „NEIN!" entgegen.

„Nun", fuhr er fort, „wenn ich alle Tiere nett behandeln und allen Kindern Süßigkeiten schenken und meine Frau lieben würde, würde ich dann in den Himmel kommen?"

Wieder brüllten alle „NEIN!"

„Ja, aber wie kann ich denn dann in den Himmel kommen?"

Ein Junge aus der letzten Reihe sprang auf und rief: „DU MUSST STERBEN!"[8]

Bis zu Paulus wäre das die richtige Antwort gewesen. Aber 1. Korinther 15 änderte alles. Der Herr offenbarte durch diesen Apostel dieses herrliche Geheimnis, dass eine ganze Generation von Gläubigen entrückt werden würde, ohne den Stachel des Todes zu spüren. Millionen von Gläubigen werden im Bruchteil eines Augenzwinkerns neue, verherrlichte Leiber bekommen.

Dies ist das herrliche Geheimnis der Entrückung. Mögen wir die Generation sein, die dieses atemberaubende Ereignis erleben darf!

Ein Bild für die Entrückung

Stellen Sie sich vor, Sie hätten eine alte Kiste mit Nägeln auf dem Dachboden stehen. Dieses Bild wird uns helfen zu verstehen, was mit den lebenden Gläubigen bei der Entrückung geschehen wird. Weil die Kiste aber schon so lange auf dem Dachboden herumsteht, ist sie auch angefüllt mit Staub und Dreck. Der schnellste und bequemste Weg wäre, wenn Sie einen starken Magneten über die Kiste halten würden, um an die Nägel zu kommen, denn so würde der ganze andere Unrat in der Kiste bleiben. Alle Gegenstände mit den gleichen Eigenschaften wie der Magnet würden sofort aus der Kiste gezogen. Alles andere würde zurückbleiben.

Genauso wird es sein, wenn der Herr seine Gemeinde zu sich holen wird. Jesus wird am Himmel erscheinen und jeder, der sein Leben in sich trägt, wird von ihm angezogen und zu ihm gezogen werden. Alle „in Christus" werden entrückt werden. Wer nichts mit Jesus zu tun hat, wer nicht seine Eigenschaften hat, wird zurückbleiben.

---

[8] Andy Stanley, *How Good is Good Enough?* (Sister, OR: Multnomah Publishers, 2003), S. 7-8

Es ist an dieser Stelle sehr wichtig zu verstehen, dass Jesus Christus nicht kommt, um die guten Menschen zu holen, die regelmäßigen Kirch- oder Gemeindegänger oder diejenigen, die einen bestimmten Ritus oder Riten vollzogen haben. Er holt diejenigen, die „in ihm" sind, weil sie ihm vertraut haben und ihn als den Heiland und Retter von ihren Sünden angenommen haben. Wenn Sie ihn noch nicht in Ihr Leben aufgenommen haben, warum nicht hier und jetzt? Dann dürfen Sie sicher sein, dass Sie bei der Entrückung dabei sein werden.

8. Die Vereinigung (1Thess 4,17b)

... in Wolken dem Herrn entgegen in die Luft;

Die Toten in Christus und die lebenden Heiligen werden alle gemeinsam entrückt werden und den Herrn in der Luft treffen. Wir werden den Herrn Jesus das erste Mal von Angesicht zu Angesicht sehen. Das alte Lied „Face to Face with Christ my Savior" drückt dies auf sehr schöne Weise aus:

Von Angesicht zu Angesicht steh ich vor Christus, meinem Heiland;
Face to face with Christ my Savior;
von Angesicht zu Angesicht, wie wird es sein,
face to face what will it be
wenn ich mit Verzücken ihn werd schauen,
when with rapture I behold him
Jesus Christus, der für mich starb.
Jesus Christ who died for me.
Von Angesicht zu Angesicht, oh glücksel'ger Augenblick,
von Angesicht zu Angesicht,
Face to face, O blissful moment, face to face
sehen und wissen
to see and know
von Angesicht zu Angesicht mit meinem Erlöser,
Face to face with my Redeemer,
Jesus Christus, der mich so sehr liebt.
Jesus Christ who loves me so.

Wir werden Jesus begegnen und wir werden auch alle unsere verstorbenen Freunde und Angehörigen, die den Herrn bekannt haben, sehen.

Dies wirft wieder eine oft gestellte Frage auf: Werden wir einander im Himmel wieder erkennen? Werden wir unsere Freunde und Angehörige wieder erkennen, werden wir uns an sie im Himmel erinnern?

Diese Frage hat sich wahrscheinlich jeder schon mal irgendwann gestellt. Wir wollen wissen, ob wir unsere Freunde und Angehörige im Himmel erkennen können – und sie uns. Interessant ist, dass in einer kürzlich durchgeführten Umfrage weniger als 50 Prozent der Befragten glaubten, dass sie ihre Freunde, Verwandte oder ihren Ehepartner im Himmel erkennen könnten.

Da habe ich jedoch gute Neuigkeiten für Sie: Wir werden nicht nur unsere Freunde und Angehörigen im Himmel wieder erkennen, wir werden uns auch an alles erinnern können. Ich würde sogar sagen, dass man diese Menschen im Himmel *erst richtig* kennen lernen wird, denn nur im Himmel werden alle Masken und Fassaden abgefallen sein. Wir werden eine innige Gemeinschaft haben, alle Hindernisse werden weggeräumt sein.

Der Bibelabschnitt, der dies am deutlichsten macht, ist Lukas 16,19-31. In dieser Geschichte erkennt der Reiche den armen Lazarus im Himmel und erinnert sich auch daran, wie sie zueinander auf der Erde standen. Der Reiche hat auch nicht vergessen, dass er fünf Brüder hat, die alle noch auf der Erde leben.

In der Bibel wird sogar angedeutet, dass wir Menschen erkennen werden, die wir noch nicht einmal persönlich während unseres Lebens kennen gelernt haben! Bei der Verklärung Jesu wusste Petrus, dass die anderen beiden Männer bei seinem Meister Elia und Mose waren (vgl. Mt 17,1-4). Natürlich hatte Petrus die beiden Glaubenshelden aus dem Alten Testament nie zuvor gesehen. Woher wusste er also, wer die beiden Männer waren? Es scheint, dass er intuitiv wusste, mit wem er es zu tun hatte. Ich glaube, dass dies auch im Himmel so sein wird. Auch dort werden die Kinder Gottes dieses intuitive Wissen haben, so dass wir nicht nur Freunde und Angehörige erkennen, sondern auch die Erlösten aller Zeitalter.

Die Entrückung ist der Anfang eines wunderschönen Wiedersehens!

9. Die Rückkehr (1 Thess 4,17c)

... dem Herrn entgegen in die Luft; und so werden wir allezeit beim Herrn sein.

Bei der Entrückung werden wir dem Herrn in der Luft begegnen. Aber was kommt dann? Wohin geht's dann? Auf diese Frage gibt es zwei Antworten.

Rauf und dann wieder runter

Die Sicht der Anhänger der Lehre der Entrückung am Ende der Trübsalszeit

Diese Deutung besagt, dass wir Christus bei der Entrückung in der Luft begegnen und dann sofort mit ihm zum zweiten Wiederkommen auf die Erde zurückkehren werden. Man kann also sagen, dass die Entrückung und das Zweite Kommen ein Ereignis mit zwei Teilen für diese Ausleger ist, die nur durch einen kurzen Augenblick voneinander getrennt sind. Die Vertreter dieser Sicht belegen ihre Interpretation mit dem griechischen Wort *apantesis*. Sie behaupten, dass dieser Begriff ein formaler Terminus sei, der benutzt wurde, wenn eine Gruppe von Leuten aus der Stadt herausging, um einen Würdenträger zu begrüßen, und dann mit ihm wieder in die Stadt hineinging.

Ist das wirklich logisch? Ja und nein. Wenn man sich die Verwendung dieses Begriffes in der Septuaginta (der griechischen Übersetzung des Alten Testaments) anschaut, dann erkennt man, dass *apantesis* nicht unbedingt diese technische Bedeutung tragen muss (vgl. Ri 11,31.34; 14,5; 15,14). Laut eines anerkannten Griechischlexikons bedeutet dieser Begriff einfach „treffen".[9] Und auch wenn das Wort wirklich nur diese formale Bedeutung hat, dass man jemanden trifft und dann dorthin zurück mitnimmt, wo man hergekommen ist, dann darf man noch lange nicht ausschließen, dass diese Rückkehr sieben Jahre später stattfindet, wenn die Gemeinde mit Christus zurück auf die Erde geht.

Man könnte sich auch folgende Frage stellen. Warum sollte man dem Herrn in der Luft begegnen, wenn man sofort wieder mit ihm

---

[9] A Greek English Lexicon of the New Testament, S. 80

auf die Erde zurückkehrt? Könnte man dann nicht einfach hier auf der Erde auf ihn warten? Es erscheint so sinnlos, ihm in der Luft zu begegnen, es sei denn, *er* verlässt den Himmel, um mit uns dorthin zurückzukehren.¹⁰

Das bringt uns zu der Sicht der Lehre der Entrückung vor der Trübsalszeit.

Rauf, rauf in das Haus des Vaters

Die Sicht der Lehre der Entrückung vor der Trübsalszeit

Diese Deutung besagt, dass nachdem wir Christus in der Luft begegnet sind, wir mit ihm hinauf in den Himmel, zurück in das Haus seines Vaters gehen. In 1. Thessalonicher 4,17 steht zwar nicht genau, wohin wir mit Christus gehen, nachdem wir entrückt worden sind, aber diese Stelle ist im Wortlaut sehr ähnlich wie Johannes 4,1-3. Vergleichen Sie einmal die erstaunliche Ähnlichkeit dieser beider Abschnitte:¹¹

Johannes 14,1-3	1. Thessalonicher 4,13-18
Bestürzung, V. 1	Unkenntnis, V. 13
glauben, V. 1	glauben, V. 14
Gott, mich, V. 1	Jesus, Gott, V. 14
ich sagte euch, V. 2	sagen wir euch, V. 15
wiederkommen, V. 3	herabkommen, V. 15
euch … nehmen, V. 3	entrückt werden, V. 15
zu mir, V. 3	dem Herrn entgegen, V. 17
wo ich bin, V. 3	allezeit beim Herrn sein, V. 17¹

---

10   Hiebert, S. 215
11   Viele Bibelgelehrte haben einen Zusammenhang zwischen Johannes 14,1-3 und 1. Thessalonicher 4,13-18 bemerkt. Renald Showers zitiert einige Autoren wie J. H. Bernard; James Montgomery Boice, Arno C. Gaebelein, Arthur Pink; Rudolf Schnackenburg, F. F. Bruce, R. V. G. Tasker und W. E. Vine in *Maranatha: Our Lord Come!* (Bellmawr, NJ: Friends of Israel, 1995), S. 162

Weil 1. Thessalonicher 4,13-18 eine so große Ähnlichkeit mit Johannes 14,1-3 hat und wir in der letztgenannten Stelle lesen, dass Jesus kommt, um uns in den Himmel zu holen, können wir sicher schließen, dass Jesus bei der Entrückung kommt, um die Seinen in die Herrlichkeit des Hauses seines Vaters zurückzugeleiten.

Wir werden während der gesamten sieben Jahre der Trübsalszeit bei Jesus im Himmel sein und dann bei seinem Zweiten Kommen mit ihm auf die Erde zurückkehren.

10. Der Trost (1 Thess 4,18)

So ermuntert nun einander mit diesen Worten!

Vor zweitausend Jahren wurden diese Worte an Gläubige geschickt, die ihre Freunde und Angehörigen vor der Entrückung verloren hatten. Auch heute ist uns dieser Vers ein großer Trost. Die Entschlafenen werden die große Zusammenkunft in den Wolken nicht verpassen. Sie werden sogar die Ersten sein. Aber wir kommen direkt hinterher. An dem Tag, an dem die Posaune erschallt, wird es ein großes Wiedersehen in der Luft geben.

Die Wahrheit der Entrückung ist ein wunderbarer, übernatürlicher Trost und eine wohltuende Hoffnung, wenn ein geliebter Angehöriger oder Freund stirbt. Diese Verse sind bestimmt schon tausendmal auf Beerdigungen in der ganzen Welt verlesen worden und haben den Trauernden Trost, Hoffnung und Zuversicht im Namen des Herrn gespendet.

Die Entrückung zusammengefasst

Nachdem wir zehn Aspekte der Entrückung beleuchtet haben, möchte ich die Zeitlupe weiter verlangsamen und noch einmal nur Bild für Bild zusammenfassen, was bei der Entrückung geschieht – eine Zusammenfassung der Entrückung sozusagen.

Hier noch einmal die zehn wichtigsten Teilereignisse der Entrückung:

1. Der Herr selber wird das Haus seines Vaters verlassen, wo er seiner wundervollen Braut ein Zuhause vorbereitet hat. Mit sich führt

er die vollkommen gemachten, körperlosen Geister der verstorbenen Gläubigen.
2. Der Befehlsruf des Herrn ruft die lebenden Gläubigen zusammen.
3. Der Erzengel Michael wird mit seinem Ruf die anderen Engel herbeirufen.
4. Die letzte Posaune dieses Zeitalters wird erschallen und das Ende dieses Zeitabschnitts, die Ankunft des Herrn und das Zusammentreffen seiner Kinder in der Luft verkünden.
5. Die Körper der Toten in Christus werden in ihrer unvergänglichen und ewigen Form auferweckt werden.
6. Die vollkommen gemachten Geister und auferweckten Herrlichkeitsleiber der verstorbenen Gläubigen werden auf ewig vereinigt werden.
7. Die noch lebenden Heiligen werden von der Erde in die Luft entrückt.
8. Körper, Seele und Geist dieser Gläubigen werden augenblicklich verwandelt werden. Ihre neuen Körper werden ebenfalls unvergänglich und ewig sein, angepasst für ein Leben im Himmel.
9. Im Himmel findet ein großes Wiedersehen von verstorbenen und lebenden Gläubigen statt und ein Treffen mit ihrem Herrn.
10. Jesus Christus wird seine Braut in den Himmel in das Haus seines Vaters führen.

Jesus ist Herr!

Ich möchte noch eine letzte Beobachtung ergänzen, die ich in 1. Thessalonicher 4,13-18 mache. In diesen sechs Versen wird Jesus fünfmal „Herr" genannt. Wieder und wieder betont dieser Textabschnitt den Herrschaftsanspruch Jesu Christi. Ich glaube, dass es in der Bibel keine Wahrheit gibt, die die Herrschaft Jesu deutlicher offenbar werden lässt als die Entrückung.

Er kommt persönlich aus dem Himmel herab. Er bezeichnet den Himmel als das Haus seines Vaters. Er wird in 1. Thessalonicher 4,14 Gott genannt. Er gibt einen Befehl und die Leiber der Toten in Christus gehorchen sofort. Dies sind Körper, die schon teilweise über 2000 Jahre in der Erde gelegen haben, verbrannt wurden, von Tieren gerissen oder bei Explosionen in kleinste Stücke zerfetzt wurden. Aber dabei bleibt es nicht, er verwandelt gleichzeitig Millionen von Gläubigen – ihre Körper, Seelen und Geister – ergreift sie und holt sie zu sich in den Himmel.

Und das alles in der Zeitspanne eines Augenwinkerns.

Das ist Macht.

Das ist völlige Herrschaft.

Das ist unser *Herr,* Jesus Christus, der an unserer Stelle am Kreuz starb und auferstand. Unser mächtiger, gnädiger Herr und König.

KAPITEL 3
DIE ENTRÜCKUNG DER GEMEINDE

Nachdem wir nun die wichtigsten Aspekte der Entrückung und die Zeitabfolge verstanden haben, müssen wir innehalten und uns eine weitere, wichtige Frage stellen: Wer wird eigentlich entrückt werden?

Sie denken jetzt sicherlich: *Ist doch klar. Alle, die an Jesus Christus glauben. Die ihn persönlich als ihren Herrn und Retter angenommen haben. Diese Menschen werden bei der Entrückung dabei sein, denn sie gilt nur für Gläubige.*

Stimmt.

Aber gibt es vielleicht doch noch eine weitere Voraussetzung dafür, dass man an diesem wundervollen Treffen in der Luft teilnehmen darf?

Ich glaube schon.

Die Toten in Christus

In 1. Thessalonicher 4,16 steht ausdrücklich, dass „die Toten in Christus" zuerst auferstehen werden. Das ist ein Schlüsselvers, wenn wir uns fragen, wer eigentlich entrückt werden wird.

Seit Adam und Eva gab es Millionen von Gläubigen, aber die Gläubigen vor Pfingsten (vgl. Apg 2) waren nicht „in Christus". Erst nach Pfingsten wurden die Gläubigen durch die Taufe mit dem Heiligen Geist in den Leib Christi aufgenommen (vgl. 1Kor 12,13).

Deshalb glaube ich, dass die Bibel nur die Gläubigen des Gemeindezeitalters entrücken wird, also Menschen, die Jesus Christus als ihren Heiland angenommen haben, und zwar zwischen Pfingsten im Jahre 33 n. Chr. und bis zur Entrückung.

Momentan befinden wir uns im so genannten Zeitalter der Gemeinde. Damit wird der Zeitabschnitt beschrieben, in dem Jesus sowohl Juden als auch Heiden zu sich ruft und sie in einem Leib zusammenbringt, von dem er das Haupt ist.

Das Gemeindezeitalter wird mit der Entrückung enden, wenn der Leib Christi, seine Braut, von ihm gerufen wird, um ihn in der Luft zu treffen. Darum wird die Entrückung auch oft „die Entrückung der Gemeinde" genannt. Nur Gläubige dieses Zeitalters werden entrückt werden.

Wenn Jesus zum Zeitpunkt der Entrückung wiederkommt, wird es Gläubige in zwei verschiedenen Situationen geben: tote und lebendige. Gläubige, die auf der Erde noch leben, wenn die Posaune erschallt, werden sofort verwandelt und entrückt werden. Natürlich gehören alle diese Gläubigen zum Zeitalter der Gemeinde.

Alle Gläubigen, die zum Zeitpunkt der Entrückung schon verstorben sind, werden auferweckt werden. In 1. Thessalonicher werden sie „die Toten in Christus" genannt, „die Toten, die in Christus gestorben sind" (Lutherübersetzung) oder „alle Gläubigen, die schon gestorben sind" (Neues Leben Übersetzung). Dies zeigt, dass die Entrückung nur die Gläubigen betrifft, die während des Zeitalters der Gemeinde gestorben sind.

Jedoch bleibt dann die Frage, was mit den Menschen passiert, die *vor* dem Gemeindezeitalter errettet wurden. Diese Leute werden oft als die „alttestamentlichen Gläubigen" bezeichnet. Wann werden sie auferstehen und ihre Herrlichkeitsleiber empfangen?

Die Auferstehung der alttestamentlichen Gläubigen

Gott hat auch einen Plan mit den Gläubigen, die zur Zeit des Alten Testaments gelebt haben. Zwei Bibelstellen im Alten Testament sprechen von der Auferweckung dieser Menschen am Ende der Trübsalszeit. In diesen zwei Abschnitten wird betont, dass die Auferstehung der alttestamentlichen Gläubigen erst nach der Großen Trübsal stattfindet.

> HERR, in der Not haben sie dich gesucht. Als deine Züchtigung sie bedrängte, schrien sie. Wie eine Schwangere, die, dem Gebären nahe, sich windet, um Hilfe schreit in ihren Wehen, so sind wir, HERR, vor deinem Angesicht gewesen. Wir gingen schwanger, wir wanden uns. Doch es war, als ob wir Wind geboren hätten: Rettung verschafften wir dem Land nicht, und Bewohner der Welt wurden nicht geboren. Deine Toten werden lebendig, meine Leichen wieder auferstehen. Wacht

> *auf und jubelt, Bewohner des Staubes! Denn ein Tau der Lichter ist dein Tau, und die Erde wird die Schatten gebären (Jes 26,16-19).*

Eine weitere Stelle finden wir im Buch Daniel:

> *Und in jener Zeit wird Michael auftreten, der große Fürst, der für die Söhne deines Volkes eintritt. Und es wird eine Zeit der Bedrängnis sein, wie sie noch nie gewesen ist, seitdem irgendeine Nation entstand bis zu jener Zeit. Und in jener Zeit wird dein Volk gerettet werden, jeder, den man im Buch aufgeschrieben findet. Und viele von denen, die im Land des Staubes schlafen, werden aufwachen; die einen zu ewigem Leben und die anderen zur Schande, zu ewigem Abscheu. Und die Verständigen werden leuchten wie der Glanz der Himmelsfeste; und die, welche die vielen zur Gerechtigkeit gewiesen haben, leuchten wie die Sterne immer und ewig (Dan 12,1-3).*

Ist Ihnen aufgefallen, dass in Daniel 12,1 von einer zukünftigen Notzeit, einer Bedrängnis, wie es sie noch nie im Laufe der Menschheitsgeschichte gegeben hat, die Rede ist? Das kann sich nur auf die Große Trübsal beziehen, von der Jesus schon in Matthäus 24,21 gesprochen hat. In Vers 2 von Daniel 12 liest man dann von der Auferweckung der alttestamentlichen Heiligen. In Vers 3 findet sich ein Hinweis auf das kommende messianische Königreich.

Diese Stellen machen deutlich, dass die Auferstehung der alttestamentlichen Gläubigen *nach* der Trübsalszeit stattfinden wird, aber *vor* dem Tausendjährigen Reich. Es ist zwischen diese beiden Ereignisse eingeschoben.

Daniel 12,1	Die Große Trübsal
Daniel 12,2	Die Auferweckung der AT-Heiligen
Daniel 12,3	Das Tausendjährige Reich

Nur die Gläubigen des Gemeindezeitalters werden bei der Entrückung vor der Trübsalszeit dabei sein. Gott hat mit den alttestamentlichen Gläubigen einen anderen Plan. Er wird die Körper dieser

Menschen erst auferwecken, wenn die sieben Jahre der Trübsalszeit abgelaufen sind.

Die Entrückung der neutestamentlichen Gläubigen

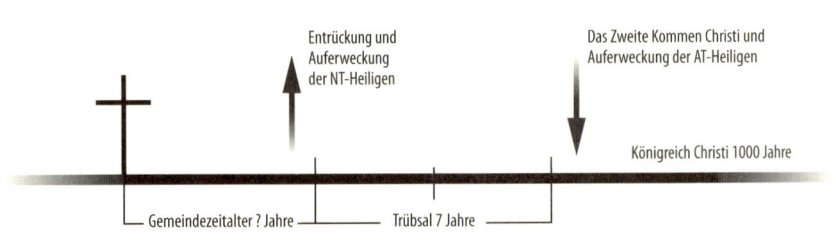

```
                    Entrückung und                Das Zweite Kommen Christi und
                    Auferweckung                  Auferweckung der AT-Heiligen
                    der NT-Heiligen
  †                      ↑                             ↓
                                                       Königreich Christi 1000 Jahre
    └─ Gemeindezeitalter ? Jahre ─┘└─ Trübsal 7 Jahre ─┘
```

KAPITEL 4
DIE SIEBEN ENTRÜCKUNGEN DER BIBEL

Vielen Menschen wird bei der Erwähnung der Entrückung – dass Menschen plötzlich weggerissen und ohne zu sterben in den Himmel kommen – etwas mulmig. Dieser Gedanke erscheint ihnen einfach zu seltsam, zu bizarr und sie bezweifeln, ob das alles so stimmt. Immerhin, sagen sie, hat es so etwas noch nie gegeben.

Das ist nicht korrekt. Vielleicht sind Sie überrascht, wenn ich Ihnen sage, dass es schon einmal eine Entrückung gegeben hat. Genau genommen nicht nur eine; die Bibel berichtet sogar von mindestens sieben Entrückungen im Laufe der Menschheitsgeschichte.

Ich möchte Ihnen helfen, dass biblische Konzept der Entrückung besser zu verstehen und werde deshalb mit Ihnen einige Stellen anschauen, die ich die „sieben Entrückungen der Bibel" nenne. Sechs dieser Entrückungen haben schon stattgefunden. Diese sechs historischen Entrückungen sind bemerkenswerte und beeindruckende Vorausdeutungen, die uns helfen werden, etwas Licht auf die noch kommende Entrückung zu werfen.

Wir werden uns nun kurz mit diesen biblischen Entrückungen beschäftigen und feststellen, was wir von ihnen über die letzte Hinwegnahme lernen können.

Die drei alttestamentlichen Entrückungen

Die Entrückung von Henoch

Das erste Mal, dass jemand im Laufe der Menschheitsgeschichte entrückt wurde, war Henoch, ein Mann, der vor der Sintflut lebte. Wir lesen seine Geschichte in 1. Mose 5. Ich nenne dieses Kapitel gerne „Gottes Todesanzeigen", denn dort steht achtmal „dann starb er". Gott hatte Adam im Garten Eden davor gewarnt, dass wenn er vom Baum der Erkenntnis des Guten und Bösen essen würde, er sterben müsse (vgl. 1Mo2,16-17). Als Adam und Eva von der Frucht aßen, trat auf der Stelle der geistliche Tod ein; das bedeutet, sie wurden von Gott getrennt. Aber irgendwann starben sie auch körperlich.

In 1. Mose 5 sehen wir, dass Gottes Warnung wahr wird und dass Sünde den Tod nach sich zieht. Dieses Kapitel ist eine Auflistung der Nachkommen Adams über seinen Sohn Set bis hin zu Noah.

Wenn man die zwanzig Verse liest, fällt der sich wiederholende Satz „dann starb er" wie der Refrain eines traurigen Liedes ins Auge.

Adam starb.
Set starb.
Enosch starb.
Kenan starb.
Mahalalel starb.
Jered starb.

Aber plötzlich und unerwartet stolpert man über etwas, was man in diesem Kapitel des Todes und der Verwesung so gar nicht erwartet hätte. In den Versen 21 und 24 gibt es eine krasse Veränderung:

> *Und Henoch lebte 65 Jahre und zeugte Metuschelach. Und Henoch wandelte mit Gott, nachdem er Metuschelach gezeugt hatte, 300 Jahre und zeugte Söhne und Töchter. Und alle Tage Henochs betrugen 365 Jahre. Und Henoch wandelte mit Gott; und er war nicht mehr da, denn Gott nahm ihn hinweg.*

Henoch starb nicht; Gott nahm ihn hinweg.

Henoch wandelte dreihundert Jahre lang unbeirrt mit Gott und das in einem sehr dunklen Zeitalter, das von geistlichem Verfall und Verdorbenheit geprägt war, kurz vor dem Gericht der Sintflut. Und dann nahm Gott ihn hinweg, ohne Umwege in den Himmel, ohne dass er zuvor gestorben wäre. Er wurde in den Himmel entrückt. Damit kein Missverständnis darüber entsteht, was wirklich mit Henoch passiert ist, wird seine Entrückung noch einmal in Hebräer 11,5 bestätigt:

> *Durch Glauben wurde Henoch entrückt, so dass er den Tod nicht sah, und er wurde nicht gefunden, weil Gott ihn entrückt hatte; denn vor der Entrückung hat er das Zeugnis gehabt, dass er Gott wohlgefallen habe.*

Vielleicht haben Sie schon einmal davon gehört, wie ein Kind das ausgedrückt hat, was mit Henoch passiert ist:

Gott und Henoch gingen jeden Tag spazieren. Henoch genoss diese Wanderungen sehr. Gemeinsam legten sie weite Strecken zurück und unterhielten sich wie zwei beste Freunde. Eines Tages waren sie so weit gelaufen, dass Gott sich zu Henoch umdrehte und fragte: „Henoch, jetzt sind wir heute so weit gekommen, dass wir näher an meinem Haus sind als an deinem. Warum kommst du nicht einfach mit zu mir nach Hause?"

Henoch ist uns ein sehr großes Vorbild. Er zeigt uns, wie wichtig es ist, auch in schwierigen Umständen mit Gott zu wandeln. Er dient auch als drastisches Beispiel, wie plötzlich die Entrückung stattfinden kann. Im einen Augenblick war er noch auf der Erde, und dann „war [er] nicht mehr da". Er war „in einem Augenblick" weg (1Kor 15,52).

Die Entrückung von Elia

Ein anderer Heiliger des Alten Testaments, der entrückt wurde, war der Prophet Elia. Seine Hinwegnahme wird in 2. Könige 2,1.11 beschrieben:

> *Und es geschah, als der HERR den Elia im Sturmwind zum Himmel auffahren lassen wollte, da gingen Elia und Elisa von Gilgal fort ... Und es geschah, während sie gingen, gingen und redeten, siehe da: ein feuriger Wagen und feurige Pferde, die sie beide voneinander trennten! Und Elia fuhr im Sturmwind auf zum Himmel.*

Die beiden Männer Gottes gingen einfach nebeneinander her und unterhielten sich, als Elia plötzlich in den Himmel hinweg genommen wurde, ohne zu sterben. Elisa konnte nur noch voller Erstaunen hinterher blicken.

Später treffen wir Elia bei der Verklärung Jesu auf dem Berg zusammen mit Mose wieder (vgl. Mt 17,1-3). Laut Maleachi 3,23 wird Elia auch im Laufe der Trübsalszeit, vor dem Zweiten Kommen des Herrn, zurück zur Erde gehen. „Siehe, ich sende euch den Propheten Elia, bevor der Tag des HERRN kommt, der große und furchtbare."

Werden Henoch und Elia die beiden Zeugen aus Offenbarung 11,3-14 sein?

Weil Henoch und Elia ohne zu sterben in den Himmel entrückt wurden, nehmen viele Menschen an, dass diese beiden Männer diejenigen sind, die als Zeugen während der Trübsalszeit in Offenbarung 11 auf die Erde zurückkehren.

Während der Trübsalszeit wird Satan von zwei Handlangern unterstützt, die seine bösen Pläne für die Welt ausüben: der Antichrist und der falsche Prophet (vgl. Offb 13,1-18). Laut Offenbarung 11,3-14 wird Gott zwei besondere Zeugen erwecken, die inmitten der Dunkelheit und Verwüstung den allein wahren Gott bezeugen – und schließlich vom Antichristen getötet werden.

Viele der frühen Christen wie Tertullian, Irenäus und Hippolyt nahmen an, dass diese beiden Zeugen Henoch und Elia sein werden. Einige Gründe sprechen dafür.[12]

Warum ausgerechnet Henoch? Zunächst weil dies ein gottesfürchtiger Mensch war, der nicht gestorben war; und weil in Hebräer 9,27 steht: „Und wie es den Menschen bestimmt ist, einmal zu sterben, danach aber das Gericht." Natürlich gibt dieser Vers nur die allgemeine Wahrheit wieder, dass jeder Mensch einmal sterben muss. Bei der Entrückung wird es eine millionenfache Ausnahme zu dieser Regel geben, wenn alle noch lebenden Heiligen entrückt werden, ohne den körperlichen Tod geschmeckt zu haben. Henoch und Elia sind zwei alttestamentliche Ausnahmen dieser Regel. Ein zweiter Grund ist, dass Henoch ein Prophet war, der das Gericht Gottes in den Tagen vor der Sintflut ankündigte und auch das Kommen des Herrn vorhersah (vgl. Jud 1,14-15).

Und wieso Elia?

Fünf Gründe sprechen für ihn als den zweiten Zeugen. Zunächst hat auch er nie den körperlichen Tod erlebt. Zweitens war er bei der Verklärung Jesu dabei. Drittens kündigt die Schrift ihn an und sagt, er käme zurück zur Erde „bevor der Tag des HERRN kommt, der große und furchtbare" (vgl. Mal 3,23). Viertens ließ Gott durch ihn

---

12 Viele andere sehen Mose als einen der beiden Zeugen. Es gibt drei Punkte, die für Mose sprechen: Erstens werden die beiden Zeugen wie Mose die Flüsse in Blut verwandeln und die Erde von Plagen heimsuchen lassen (vgl. Offb 11,6). Zweitens erschienen auf dem Berg der Verklärung, wo das zweite Kommen in Herrlichkeit des Herrn verbildlicht wurde, Mose und Elia mit Christus (vgl. Mt 17,1-11). Drittens war Mose ein Prophet.

eine dreieinhalbjährige Dürre entstehen, in der kein Tropfen Regen fiel. Dies wird von den zwei Zeugen wiederholt werden (vgl. 1Kö 17,1; Jak 5,17). Und fünftens war Elia ein Prophet, wie die beiden Zeugen.

Die Tatsache, dass die beiden Zeugen in Offenbarung 11 nicht namentlich genannt werden, veranlasst mich, diese Theorie abzulehnen. Weil uns Gott nicht mitteilt, wer die beiden Propheten sind, können wir es einfach nicht mit Sicherheit sagen. Außerdem steht in Hebräer 11,5 ausdrücklich, dass Gott Henoch entrückte, damit er nicht den Tod sehen müsse. Wenn er als einer der beiden Zeugen zurück zur Erde kommt und stirbt, dann würde das der ersten Intention Gottes widersprechen.

Ich glaube, am besten sieht man die beiden Zeugen als zwei Männer, die nicht schon irgendwann vorher gelebt haben, sondern die von Gott als zwei besondere Zeugen während der Trübsalszeit ausgesucht und gebraucht werden.

Die Entrückung von Jesaja

In Jesaja 6 lesen wir, wie Jesaja als junger Mann von Gott selbst in seinen Dienst berufen wurde:

> *Im Todesjahr des Königs Usija, da sah ich den Herrn sitzen auf hohem und erhabenem Thron, und die Säume seines Gewandes füllten den Tempel. Serafim standen über ihm. Jeder von ihnen hatte sechs Flügel: mit zweien bedeckte er sein Gesicht, mit zweien bedeckte er seine Füße, und mit zweien flog er. Und einer rief dem andern zu und sprach: Heilig, heilig, heilig ist der HERR der Heerscharen! Die ganze Erde ist erfüllt mit seiner Herrlichkeit (Jes 6,1-3).*

Es gibt drei verschiedene Deutungen, was mit Jesaja während seiner Berufung genau passiert ist. Einige Ausleger nehmen an, dass Jesaja den Herrn auf seinem Thron im irdischen Tempel in Jerusalem gesehen hat. Natürlich ist das theoretisch möglich, aber trotzdem gab es keinen Thron in diesem Tempel. Außerdem lässt die Ähnlichkeit dieser Szene mit der in Offenbarung 4,8 beschriebenen den Schluss zu, dass es sich um Gottes Thron handelt, der sich im himmlischen Tempel befindet, der ja als Modell für den Tempel in Jerusalem gestanden hat. In dem Abschnitt in der Offenbarung erkennt man deutlich, dass es sich um den himmlischen Tempel handelt (vgl. Offb 11,19; 15,5-8).

Andere Ausleger behaupten, dass Jesaja nur eine Vision gehabt habe – dass er nicht wirklich im Himmel gewesen sei. Aber in Vers 6 lesen wir, dass eines der himmlischen Wesen Jesajas Lippen mit einem Stück glühender Kohle berührte. Das sagt mir, dass er tatsächlich körperlich anwesend im Himmel war.

Das bringt uns zur dritten Auslegung. Ich glaube, dass Jesaja entrückt wurde – dass er tatsächlich in den Himmel gebracht wurde, wo er den Herrn auf seinem Thron sitzend sah. Wenn diese Auslegung stimmt, dann wurde Jesaja wie Henoch und Elia hinweg genommen, aufgehoben oder entrückt. Im Gegensatz zu Henoch und Elia wurde Jesaja jedoch zur Erde zurückgeschickt, wo er seinen Dienst verrichtete und schließlich starb.

Die vier neutestamentlichen Entrückungen

Im Neuen Testament werden vier Entrückungen genannt.[13] Drei haben schon stattgefunden, eine wird noch geschehen. In jeder der Bibelstellen, wo es um eine der Entrückungen geht, hat der jeweilige Autor das griechische Wort *harpazo* verwendet, um das Ereignis zu beschreiben.

---

13   Manche sagen, dass Johannes' Reise in den Himmel in Offenbarung 4,1 eine persönliche Entrückung darstellt. Aber weil das Wort *harpazo* in diesem Zusammenhang nicht gebraucht wird, habe ich dieses Ereignis nicht auf die Liste der Entrückungen gesetzt. Viele Anhänger der Vorentrückung glauben, dass Offenbarung 4,1 die Entrückung der Gemeinde in Parallele zu der Beschreibung in 1. Thessalonicher 4,13-18 setzt: Bei beiden gibt es eine Stimme, eine Posaune und der Ruf, in den Himmel zu kommen. Der Zeitpunkt dieses Ereignisses passt sehr schön in den Zeitplan der Vorentrückungslehre, denn Offenbarung 4,1 erfolgt genau nach den Sendschreiben an die einzelnen Gemeinden und vor dem Beginn der Trübsalszeit. Obwohl diese Annahme sehr gut zu dem passt, was ich glaube, lehne ich sie aus drei Gründen ab: Erstens wird Johannes hinaufgebracht, um eine Offenbarung zu bekommen. Er bekommt keinen Herrlichkeitsleib. Zweitens scheint es, dass Johannes körperlich auf der Erde blieb und nur sein Geist hinweg genommen wurde, wie bei einer Vision. Drittens steht in Offenbarung 4,1, dass Johannes hinauf gerufen wurde und nicht die Gemeinde.

Die Entrückung von Philippus

Von einem Mann namens Philippus lesen wir in Apostelgeschichte 8,39-40, dass er entrückt wurde:

> *Als sie aber aus dem Wasser heraufstiegen, entrückte der Geist des Herrn den Philippus, und der Kämmerer sah ihn nicht mehr, denn er zog seinen Weg mit Freuden. Philippus aber fand man zu Aschdod; und er zog hindurch und verkündigte das Evangelium allen Städten, bis er nach Cäsarea kam.*

Von den sechs Menschen, über die in der Bibel gesagt wird, dass sie entrückt wurden, ist Philippus der einzige, der nicht in den Himmel entrückt wurde. Aber auch er wurde ergriffen und hinweg genommen und zu einem anderen Ort gebracht; Aschdod liegt über 30 Kilometer weit weg.

Man stelle sich das einmal bildlich vor: Philippus hatte dem äthiopischen Kämmerer gerade das Evangelium erklärt, wer Jesus ist und wie er ihn persönlich kennen lernen kann. Der Kämmerer übergab Christus sein Leben und bat Philippus dann, ihn im Wasser zu taufen. Philippus entsprach dem Wunsch des Mannes und als der Kämmerer gerade wieder tropfnass aus dem Wasser stieg, dreht er sich zu Philippus, um ihm etwas zu sagen und Philippus ist weg. Er hatte sich schlicht und ergreifend in Luft aufgelöst. Philippus war im Bruchteil einer Sekunde körperlich entrückt worden; zwar nicht in den Himmel, aber von einem Ort an einen anderen.

Die Entrückung von Paulus

Die Entrückung des Apostels ist eine der eindruckvollsten Berichte der Bibel. In 2. Korinther 12,2-4 können wir sie in Paulus' eigenen Worten nachlesen:

> *Ich weiß von einem Menschen in Christus, dass er vor vierzehn Jahren – ob im Leib, weiß ich nicht, oder außer dem Leib, weiß ich nicht; Gott weiß es –, dass dieser bis in den dritten Himmel entrückt wurde. Und ich weiß von dem betreffenden Menschen – ob im Leib oder außer dem Leib, weiß ich nicht; Gott weiß es –, dass er in das Paradies entrückt wurde und*

> *unaussprechliche Worte hörte, die auszusprechen einem Menschen nicht zusteht.*

Schon viele haben Theorien aufgestellt, zu welchem Zeitpunkt von Paulus' Dienst dies stattgefunden habe. Aber darum geht es gar nicht. Paulus möchte nur betonen, dass er irgendwann während seines Wirkens eine persönliche, allein ihn betreffende Entrückung in den Himmel erlebt hat, wo er eine Offenbarung mitgeteilt bekam, die noch nie jemand vor ihm gesagt bekommen hatte. Diese Erfahrung war so unglaublich, dass der Herr dem Apostel einen „Dorn im Fleisch" gab, damit er nicht überheblich und selbstherrlich würde (vgl. 2Kor 12,7-10).

Auch heute gibt es viele Menschen, die Bücher geschrieben haben und darin von einem Besuch im Himmel erzählen. Sie berichten, sie seien in den Himmel gebracht worden und wären dort von Jesus, Petrus oder einer anderen berühmten Person der Kirchengeschichte herumgeführt worden. Wenn ich solche Geschichten höre, frage ich mich immer, warum sie nie von ihrem Dorn im Fleisch erzählen.

Wenn Paulus einen Dorn im Fleisch brauchte, um auf dem Teppich zu bleiben, dann können Sie sich sicher sein, dass jeder andere Mensch ebenso einen Dorn im Fleisch bekäme, wenn er denn tatsächlich dem Himmel einen Besuch abgestattet hätte.

Als Paulus also in 1. Thessalonicher 4 auf die Entrückung zu sprechen kam, wusste er möglicherweise, wovon er redete, denn diese Erfahrung hatte er zu jener Zeit vielleicht schon selber gemacht. Er konnte es gar nicht abwarten, bis andere Gläubige die gleiche Erfahrung machen dürften.

Die Entrückung Jesu

Die meisten Menschen wissen wahrscheinlich gar nicht, dass auch Jesus eine Entrückung erlebte. Aber die Himmelfahrt Jesu in Apostelgeschichte 1,9-11 wird tatsächlich als Entrückung bezeichnet. Auch Jesus wurde von der Erde in den Himmel entrückt.

In Offenbarung 12,5 wird die Himmelfahrt ebenfalls Entrückung genannt:

> *Und sie gebar einen Sohn, ein männliches Kind, der alle Nationen hüten soll mit eisernem Stab; und ihr Kind wurde entrückt zu Gott und zu seinem Thron.*

Im Zusammenhang von Offenbarung 12 ist die Frau, die das Kind geboren hatte, nicht Maria, sondern Israel. Ihnen ist sicherlich auch aufgefallen, dass in diesen Versen die Jahre zwischen der Geburt Jesu und seiner Himmelfahrt ausgelassen wurden. Es ist ein sehr knapper Bericht über das Leben Jesu, in dem nur seine Geburt, seine Mission und sein Aufstieg in den Himmel erwähnt werden.

In diesem Vers wird betont, dass Jesus als Messias auf die Erde kam, um die Herrschaft über die Nationen zu übernehmen und dass er schließlich in den Himmel entrückt wurde.

Die Entrückung der Gemeinde

Wie wir gesehen haben, haben sechs der in der Bibel erwähnten Entrückungen schon stattgefunden. Die Entrückung der Gemeinde ist die einzige, die noch in der Zukunft stattfinden wird. Sie wird durch die anderen vorausgeschattet oder prophezeit. Und um diese letzte Entrückung geht es in diesem Buch.

Wenn wir über die ersten sechs Entrückungen nachdenken, was lernen wir von ihnen über die noch ausstehende Entrückung? Mir fallen sofort drei wichtige Aspekte ein:

Erstens: Die Entrückung der Gemeinde ist wörtlich zu verstehen. Sie ist nicht symbolisch gemeint. Da auch die ersten sechs Entrückungen wörtlich stattgefunden haben, dann sollte man annehmen, dass auch die letzte Entrückung buchstäblich geschehen wird.

Zweitens: Die Entrückung der Gemeinde wird materiell erfolgen, das heißt Menschen werden von einem Ort zu einem anderen transportiert werden, nämlich von der Erde zum Himmel. Die einzige Ausnahme dabei ist die Entrückung von Philippus, aber auch er wurde körperlich von einem Ort zum anderen transportiert.

Drittens: Die Entrückung der Gemeinde wird plötzlich und gleichzeitig geschehen. Henoch war da und dann „war [er] nicht mehr da". Das galt auch für alle anderen Entrückungen.

Fazit

Wir haben uns nun also mit den grundlegenden Aspekten der Entrückung beschäftigt. Jetzt wollen wir unsere Aufmerksamkeit auf eine andere wichtige Frage lenken, die gestellt werden muss: *Wann wird sie stattfinden?* Wird es vor der Trübsalszeit sein, in der Mitte oder am Ende?

Wenn es um die Entrückung geht, brennt den meisten Menschen genau diese Frage auf dem Herzen. Aber welche der drei verschiedenen Auslegungen hat Recht? Kann man in dieser Diskussion überhaupt eine klare Stellung beziehen? Wirft die Bibel Licht auf diese Streitfrage?

Ich glaube, dass sie es tut. Und ich lade Sie ein, diesen Fragen mit mir gemeinsam gewissenhaft auf den Grund zu gehen.

ZWEITER TEIL
DER ZEITPUNKT DER ENTRÜCKUNG

Ich nehme an, dass Sie mittlerweile gemerkt haben, dass das eigentliche Problem nicht in der Frage liegt, *ob* es eine Entrückung der Gemeinde geben wird, sondern *wann* sie im Verlauf der Trübsalszeit stattfinden wird.

Nahezu alle evangelikalen Christen glauben an die Entrückung. Die Bibel lehrt es. Wir werden eines Tages in den Himmel entrückt werden, dies macht 1. Thessalonicher 4,17 deutlich. Nichts ist so klar und deutlich.

Jedoch gibt es ganz unterschiedliche Ansichten über den Zeitpunkt der Entrückung. Einfach ausgedrückt, streitet man sich um folgende Frage: Wird die Gemeinde während der Trübsalszeit auf der Erde sein oder nicht? Wache Bibelleser wollen diese Frage beantwortet haben. Das ist *die* Frage, wenn es um die Entrückung geht, und sie wird auch am kontroversesten diskutiert.

Dabei ist dies weniger eine rein theologische Streitfrage oder bloße Spitzfindigkeit unter Gelehrten. Es steht sehr viel auf dem Spiel, je nachdem, welche Auslegung biblisch korrekt ist. Denken Sie einmal kurz darüber nach. Wenn die Entrückung noch zu unseren Lebzeiten stattfindet, sieht Ihre persönliche Zukunft ganz anders aus, je nachdem, welche Auslegung richtig ist. Werden Sie den Antichristen erleben? Werden Sie vor die Wahl gestellt, sein Zeichen auf Stirn und rechter Hand anzunehmen oder zu sterben? Werden Sie das Blutbad miterleben, wenn der Zorn Gottes auf die Erde ausgeschüttet wird? Oder werden sie zu diesem Zeitpunkt im Himmel sein, die wunderbare, herrliche und innige Gemeinschaft mit dem Lamm und den anderen Schafen der Herde genießen?

Werden Sie und ich eine Hälfte, die ganze oder gar keine Trübsalszeit erleben? Das ist eine wichtige und ernüchternde Frage.

Deshalb werden wir auch in den nächsten acht Kapiteln versuchen, eine Antwort darauf zu finden.

KAPITEL 5
DIE FÜNF SICHTWEISEN ÜBER DEN ZEITPUNKT DER ENTRÜCKUNG

Wenn es um den Zeitpunkt der Entrückung geht, gibt es fünf gängige Auslegungen, die heute allgemein kursieren. An dieser Stelle möchte ich diese fünf Auslegungen kurz vorstellen.

Die Lehre der Entrückung vor der Trübsal

Die Lehre der Entrückung vor der Trübsal, auch kurz Vorentrückung genannt, besagt, dass die Entrückung der Gemeinde vor dem Beginn der siebenjährigen Trübsalszeit stattfinden wird. Die Gemeinde wird nicht dabei sein, wenn der Zorn Gottes über die Erde kommt. Zu irgendeinem Zeitpunkt nach der Entrückung wird die Trübsalszeit beginnen, nämlich wenn der Antichrist einen siebenjährigen Friedensvertrag oder Bund mit Israel schließen wird (vgl. Dan 9,27).

Diese Sicht ist die populärste Auslegung unter den Gläubigen unserer Zeit. Sie wird u. a. in Büchern wie der *Scofield-Bibel* von C. I. Scofield, *Alter Planet wohin? Im Vorfeld des Dritten Weltkriegs* von Hal Lindsey und der *Finale-Reihe* von Tim LaHaye und Jerry Jenkins vertreten.

Die Lehre der Entrückung inmitten der Trübsal

Diese Sicht besagt, dass Christus die Gemeinde genau in der Mitte der Trübsalszeit entrücken wird. Die Gläubigen werden die ersten dreieinhalb Jahre erdulden müssen. Vertreter dieser Auslegung behaupten, dass die letzten dreieinhalb Jahre der Trübsal die Zeit ist, in der Gott seinen Zorn ausschütten wird. Die Gläubigen werden entrückt und in den Himmel gebracht werden, bevor dieser Zeitabschnitt beginnt.

Diese Ausleger belegen ihre Sicht mit dem Hinweis, dass im Buch Daniel und in der Offenbarung sehr oft auf dreieinhalb Jahre verwiesen wird (zweiundvierzig Monate oder 1260 Tage). Aber ihr Hauptargument ist die Gleichstellung der letzten Posaune in 1. Korinther 15,52 und der siebten Posaune in Offenbarung 11,15.

Das Hauptproblem bei dieser Auslegung ist, dass die Vertreter dieser Sicht sich noch nicht einmal untereinander einig sind, an welcher Stelle die Entrückung im Buch der Offenbarung zu finden ist. Es gibt mindestens drei verschiedene Theorien dazu: (1) Offenbarung 6,12-17; (2) 11,15-17; (3) 14,1-4.

Die Lehre der Entrückung am Ende der Trübsal

Die Anhänger dieser Lehre behaupten, dass die Entrückung am Ende der Trübsalszeit stattfinden wird, kurz vor dem Zweiten Kommen Christi zur Erde. Die Gläubigen sollen entrückt werden und Christus in der Luft treffen, jedoch sofort mit ihm zur Erde zurückkehren. Die Entrückung und das Zweite Kommen werden im Grunde genommen als ein Ereignis angesehen, das aus zwei Teilen besteht, die unmittelbar aufeinander folgen.

Diese Sicht betont, dass die Gläubigen des Gemeindezeitalters zwar während der Trübsal auf der Erde bleiben, dass Gott sie aber vor seinem Zorn beschützen wird. Nach der Vorentrückungslehre ist dies die zweit-populärste Auslegung.

Die Lehre einer teilweisen Entrückung

Diese Position unterscheidet zwischen hingegebenen und weltlichen Gläubigen. Nur die treuen und Gott hingegebenen Christen, die auf das Kommen Christi warten, werden vor der Trübsalszeit entrückt und in den Himmel gebracht. Der Rest der Gläubigen wird die Trübsalszeit erleben und immer wieder während dieser furchtbaren Tage in aufeinander folgenden Entrückungen in den Himmel geholt werden. Ein Autor beschreibt die teilweise Entrückung wie folgt: „Alle Gläubigen werden vom gleichen Zug nach Hause gebracht werden, aber nicht alle werden bei der ersten Fahrt dabei sein."[14]

Diese Sicht beruft sich auf neutestamentliche Stellen, die gehorsames Ausharren und das Warten auf Christus betonen (vgl. Mt 25,1-13; 1Thess 5,6; Hebr 9,28; 1Joh 2,28). Diese Sicht ist die am wenigsten anerkannte Auslegung. Ich möchte sechs meiner Ansicht nach wichtige Gegenargumente vorbringen:

---

14   Gerald B. Stanton, *Kept from the Hour* (Miami Springs, FL: Schoettle Publishing Co., 1991), S. 166

Erstens: In der Bibel werden Worte wie *wir* und *uns* verwand, wenn es um die Entrückung geht. Diese alle einschließenden Personalpronomen machen deutlich, dass alle Gläubigen gleichzeitig entrückt werden. „*Wir* werden nicht *alle* entschlafen, *wir* werden aber *alle* verwandelt werden" (1 Korinther 15,51; Hervorhebungen hinzugefügt). In 1. Thessalonicher 4,14 steht, dass „Gott durch Jesus *alle* verstorbenen Gläubigen wiederbringen wird, wenn Jesus kommt" (Neues-Leben-Übersetzung). Laut Vers16 ist die einzige Voraussetzung für die Teilnahme an der Entrückung, dass man „in Christus" ist. Mit anderen Worten, alles was man vorweisen muss, ist Christ zu sein. Keine andere Voraussetzung wird genannt.

Zweitens: Diese Auslegung steht im Widerspruch zu der Lehre der Einheit des Leibes Christi durch die Gnade Gottes (vgl. 1Kor 12; Ehp 2,14 – 3,6; 4,1-6.12-16; Kolosser 3,11.15). In der wichtigen Einheit des Leibes Christi sind alle Gläubigen gleichgestellt. Wenn ein Teil des Leibes geht, muss auch der Rest des Leibes gehen.

Drittens: Allen Gläubigen wird versprochen, dass sie vor Gottes Zorn beschützt werden. Die Lehre der Entrückung inmitten der Trübsal schafft eine Art protestantisches Fegefeuer auf Erden. Der einzige Unterschied zwischen dem katholischen und diesem wäre, dass letzteres auf der Erde während der Trübsal, also vor dem Tod stattfinden würde.

Viertens: Wenn diese Sicht stimmen würde, dann würde es keinen Sinn machen, dass die Gläubigen noch eine Belohnung vor dem Richterstuhl Christi bekommen würden (vgl. 2Kor 5,10). Die Entrückung selbst wäre die Belohnung.

Fünftens: Wenn der Zeitpunkt, wann wir entrückt werden, in so großem Maß von unserer geistlichen Reife oder Bereitschaft abhängig ist, wie bereit muss man eigentlich sein? Welchen Reifegrad muss man erlangt haben, um sofort dranzukommen? Die Bibel schweigt dazu.

Sechstens: Alle Vertreter dieser Sicht, die ich bisher kennen gelernt habe, nehmen für sich in Anspruch, dass sie zur ersten Gruppe gehören, die entrückt werden wird. Sie nehmen für sich persönlich also die Vorentrückung in Anspruch. Nur die *anderen* Gläubigen erleiden das unglückselige Schicksal, die Trübsal in ihren immer schlimmer werdenden Phasen mitzuerleben, bevor sie endlich in den Himmel dürfen. Aber wie kann man behaupten, dass man selber einer solchen Belohnung würdig ist, während andere Gläubige das nicht sind? Dies alles macht keinen Sinn.

Die Lehre der Entrückung vor dem Zorn

Diese Auslegung besagt, dass die Entrückung nach ungefähr drei Vierteln der Trübsal, also nach ca. fünfeinhalb Jahren stattfinden wird. Man behauptete, dass die Katastrophen in dem ersten Teil der Trübsal vom Menschen selbst verschuldet sind, bzw. den Zorn Satans darstellen, während Gottes Zorn erst nach der Öffnung des siebten Siegels ausgeschüttet wird. Die Gläubigen werden kurz bevor Gottes Zorn hernieder kommt entrückt werden. Diese Sicht wurde durch das 1992 von Robert Van Kampens veröffentlichte Buch *The Sign* (zu deutsch etwa: *Das Zeichen*) populär gemacht, aber auch schon 1990 durch Marvin Rosenthals *The Pre-Wrath Rapture of the Church* (zu deutsch etwa: *Die Lehre der Entrückung der Gemeinde vor dem Zorn*).

In der nachfolgenden Tabelle bekommen Sie noch einmal einen kurzen Überblick über die Hauptmerkmale der unterschiedlichen Auslegungen:

Verschiedene Sichtweisen über den Zeitpunkt der Entrückung:

1	**Die Lehre der Entrückung vor der Trübsal:**	Die Entrückung wird stattfinden, bevor die Trübsalszeit beginnt.
2	**Die Lehre der Entrückung inmitten der Trübsal:**	Die Entrückung wird genau nach der ersten Hälfte der Trübsalszeit stattfinden.
3	**Die Lehre der Entrückung am Ende der Trübsal:**	Die Entrückung wird am Ende der Trübsalszeit stattfinden, kurz vor dem Zweiten Kommen des Herrn auf die Erde; die Gläubigen werden entrückt und dem Herrn in der Luft begegnen. Dann werden sie sofort mit ihm zur Erde zurückkehren.
4	**Die Lehre einer teilweisen Entrückung:**	Treue und hingegebene Gläubige werden vor der Trübsalszeit entrückt werden, aber die restlichen Gläubigen bleiben zurück, um in der Trübsalszeit geläutert zu werden.

5	**Die Lehre der Entrückung vor dem Zorn:**	Die Entrückung wird ungefähr nach drei Vierteln (fünfeinhalb Jahre) der Trübsalszeit stattfinden, bevor der Zorn Gottes ab dem siebten Siegel über die Erde ausgeschüttet wird.

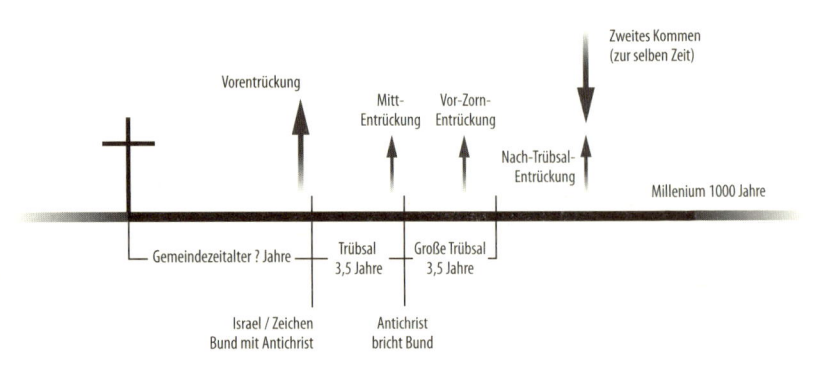

```
                                                    Zweites Kommen
                                                    (zur selben Zeit)
              Vorentrückung
                              Mitt-     Vor-Zorn-
                              Entrückung Entrückung
                                                    Nach-Trübsal-
                                                    Entrückung
                                                              Millenium 1000 Jahre

  — Gemeindezeitalter ? Jahre — Trübsal   Große Trübsal
                                3,5 Jahre  3,5 Jahre

                              Israel / Zeichen  Antichrist
                              Bund mit Antichrist bricht Bund
```

Wann wird die Posaune ertönen?

Ich hoffe, ich habe Sie jetzt nicht verwirrt. Es ist gar nicht so kompliziert, wie man vielleicht auf den ersten Blick meint. Von diesen fünf Auslegungen findet man die ersten drei am häufigsten wieder, also die Lehre der Entrückung vor, inmitten oder am Ende der Trübsalszeit. Wenn man es sich aber noch einfacher machen möchte, kann man auch sagen, dass die Vorentrückung und Entrückung am Ende die beiden primären Auslegungen sind.

Warren Wiersbe ist ein sehr bekannter Pastor und Autor, der die Vorentrückung lehrt. Aber in seiner Autobiographie *Be Myself* (zu Deutsch etwa: *Ich selbst sein*) wollte er die erregten Gemüter der Anhänger der unterschiedlichen Sichten beruhigen, indem er die ganze Debatte ein wenig aufs Korn nahm und den einen oder anderen fröhlichen Seitenhieb austeilte. Bevor wir uns noch eingehender mit der Entrückung beschäftigen, dachte ich, Sie würden vielleicht gerne über dieses Auszug aus dem Buch Warren Wiersbes schmunzeln:

> Hiermit kündigen wir die allererste „Eutychus Pan-Prophetische Konferenz" an, die ab jetzt jährlich stattfinden wird (bitte beachten Sie den Bindestrich). Genau genommen werden vier Konferenzen abgehalten, die jeweils einer der unterschiedlichen Auffassungen prophetischer Lehre ge-

widmet sind. Die Delegierten werden bewusst voneinander abgeschottet, denn wir haben schon genug Probleme in der Welt und wollen kein weiteres schaffen. Abgesehen davon werden wir so auch mehr Bücher verkaufen ... Die Konferenz für die Anhänger der Vorentrückung wird sich in Dallas treffen und nur einen Tag dauern, obwohl es Ihnen vielleicht wie tausend Jahre vorkommen mag. Wir werden weder Tag noch Stunde bekannt geben, seien Sie also bereit. Es wird eine Ausstellung alter prophetischer Zeitstrahlen geben, sowie eine Vortragsreihe, warum Vertreter der Vorentrückung nur Kommentare über Daniel und die Offenbarung schreiben und die anderen 64 Bücher der Bibel ignorieren. Alle angemeldeten Delegierten bekommen einen kostenlosen Taschenrechner, mit dem man ein prophetisches Datum berechnen kann.

Die Konferenz über die Lehre der Entrückung inmitten der Trübsal wird genau dreieinhalb Tage stattfinden, Greenwich-Zeit. Verschiedene Veranstaltungsorte sind noch in der näheren Auswahl, unter anderem Mt. Saint Helen, Rom und Chicago. Musikalisch wird das Ganze von „Die Unsichere Posaune" untermalt, einem Trompetentrio, das mit drei verwirrten Studenten aus verwirrten theologischen Ausbildungsstätten besetzt ist. Es wird einen Vortrag über Olivenbäume und Kerzenhalter geben, sowie eine Podiumsdiskussion, warum Anhänger der Entrückung inmitten der Trübsal nur Kommentare über die eine Hälfte von Daniel und über die Offenbarung schreiben.

Zu guter Letzt wird es auch eine Konferenz auf dem Ölberg geben, die sieben Tage dauern wird. Die weißen Gewänder wurden durch die Anmeldegebühr gedeckt. Wir erwarten eine nicht zählbare Menge, deshalb buchen Sie bitte rechtzeitig. Es wird keine Seminare geben, aber sehr viel Gesang – vielleicht auch ein paar Tränen und viel Geseufze.

Das Organisationskomitee behält sich das Recht vor, alle Veranstaltungen abzusagen, sollte die Entrückung vorher stattfinden.[15]

---

15   Warren Wiersbe, *Be Myself: Memoirs of a Bridgebuilder* (Wheaton, IL: Victor Books, 1994), S. 263-264

Die Entrückung könnte heute stattfinden

Wie bereits gesagt, möchte ich mich in diesem Buch auf eine klare und verständliche Präsentation der unumstößlichen Beweise für meine Sichtweise konzentrieren, die Sicht der Vorentrückung. Es ist die einzige der genannten Auslegungen, die ganz klar betont, dass die Entrückung schon heute stattfinden könnte.

In diesem Buch möchte ich weniger auf die Stärken und Schwächen der anderen Deutungsweisen eingehen. Es gibt ausgezeichnete wissenschaftliche Werke, die das ganz hervorragend machen. Aber hier und da werde ich an einigen Schlüsselstellen die verschiedenen Positionen gegenüberstellen. Ich hoffe, dass sie dadurch die solide Grundlage der Vorentrückungslehre noch besser verstehen werden.

Welche Beweise gibt es also für die Vorentrückung? Halten Christen daran fest, weil diese Vorstellung einfach angenehmer ist als die anderen? Immerhin hört sich das doch gar nicht schlecht an, wenn man versprochen bekommt, vor der schrecklichen Zeit der Trübsal in den Himmel geholt zu werden, nicht wahr?

In den nächsten sieben Kapiteln werde ich Ihnen sieben biblische Argumente darlegen, die meiner Meinung nach die Position der Vorentrückung ganz klar untermauern und die zeigen, warum ich glaube, dass die Entrückung schon heute stattfinden kann.

Lassen Sie uns nun also gründlich die biblischen Beweise sondieren, damit wir beurteilen können, ob die Ausleger der Lehre der Entrückung vor der Trübsalszeit Recht haben.

KAPITEL 6
DIE GEMEINDE IM BUCH DER OFFENBARUNG

Wäre die Gemeinde während der gesamten Trübsalszeit auf der Erde oder würde sie auch nur einen Teil der Trübsal miterleben, dann würde man zu Recht erwarten, dass in der langen, detaillierten und ausführlichen Beschreibung dieser Zeit auch erwähnt wird, welche Rolle die Gemeinde spielt. Umso erstaunlicher ist, dass die Kapitel, die am meisten über die Trübsalszeit aussagen, zum Punkt Gemeinde schweigen.

Dieses Stille ist ohrenbetäubend.

Das griechische Wort für Gemeinde lautet *ekklesia*. Dieses Wort taucht zwanzigmal im Buch der Offenbarung auf. Allein schon neunzehn Mal in den ersten drei Kapiteln. Der Herr schreibt sieben Gemeinden Kleinasiens einen Brief: Ephesus, Smyrna, Pergamon, Thyatira, Sardes, Philadelphia und Laodizäa. In diesen Briefen gibt der Herr den Gemeinden detaillierte Anweisungen. Aber in Kapitel 4 finden wir einen schlagartigen Wechsel. Gerade spricht Johannes noch ausführlich über die Gemeinden und dann ist bis Kapitel 18 plötzliche Funkstille. Nirgends in den Kapiteln 4 – 18 lesen wir etwas über die Gemeinde. Diese abrupte Stille ist sehr auffällig und kaum zu erklären, wenn man behauptet, die Gemeinde befände sich immer noch auf der Erde.

In Offenbarung 4,1 wird der Apostel Johannes, also ein Mitglied der frühen Gemeinde, in den Himmel gehoben und in einer Art geistlichen Zeitmaschine in die Zukunft gebracht. In den nun folgenden fünfzehn Kapiteln schaut Johannes von oben aus dem Himmel zu, was sich während der Trübsal auf der Erde abspielt. Die Gemeinde taucht aber erst wieder in Kapitel 19 auf, wo sie als wunderhübsche und für ihren Bräutigam zurechtgemachte Braut mit ihrem Mann auf die Erde zurückkehrt. Dies beweist, dass die Braut schon einige Zeit im Himmel gewesen sein muss, da sie sich selber „bereitgemacht" hat (Offb 19,7). In Offenbarung 22,16 finden wir die letzte Erwähnung der *ekklesia* in der Schrift.

Die Erwähnung der Gemeinde im Buch der Offenbarung, bzw. das Fehlen einer Erwähnung, ist ein schlagender Beweis, dass die Gemeinde nicht auf der Erde sein wird, wenn Gott seinem fürchterlichen Zorn freien Lauf lässt.

Der Gebrauch des Wortes „Gemeinde" in der Offenbarung

Offenbarung 1 – 3	Offenbarung 4 – 18	Offenbarung 20 – 22
19 Mal	Kein einziges Mal	1 Mal (Offb 22,16)

Und was ist mit den Heiligen?

Die Vertreter der Entrückung am Ende der Trübsalszeit kontern die obige Erkenntnis, indem sie ausführen, dass das Wort *Heilige* („Geheiligte") mehrfach auftaucht. Dies beweise, so betonen sie, dass die Gemeinde sehr wohl während der Trübsal auf der Erde sei (vgl. Offb 13,7.10; 16,6; 17,6; 18,24). Das Problem dieser Argumentsweise ist Folgendes: Es gab Heilige im Alten Testament, im Neuen Testament und es wird auch Heilige während der Trübsalszeit geben. Der Gebrauch des Wortes „Heilige" für Gläubige auf der Erde in diesem Zeitabschnitt zeigt eindeutig, dass es Gläubige auf der Erde geben wird, aber es beweist nicht, dass es die Gläubigen aus dem Zeitalter der Gemeinde sind. Die Heiligen in der Offenbarung sollte man daher als Heilige der Trübsalszeit bezeichnen, die während der etwa sieben Jahre nach der Entrückung zum Glauben kommen.

Die vierundzwanzig Ältesten

Die Vertreter der Entrückung am Ende der Trübsal weisen außerdem darauf hin, dass wenn die Gemeinde nicht auf der Erde sei, sie im Himmel sein müsse. Dann fragen sie: „Welche Beweise gibt es denn dafür, dass die Gemeinde während der Trübsal im Himmel ist?"

Ich glaube, dass die Gemeinde zwölf Mal in den Kapiteln 4 – 19 der Offenbarung erwähnt wird, nämlich mit der Bezeichnung „vierundzwanzig Älteste" (Offb 4,4.10; 5,5-6.8.11.14; 7,11.13; 11,16; 14,3; 19,4).

Im Allgemeinen gibt es vier verschiedene Auslegungen, wer die vierundzwanzig Ältesten sind: (1) Engel, (2) Israel, (3) die Gemeinde, (4) alle Erlösten – Israel und die Gemeinde. Sieben wichtige Hinweise innerhalb der Offenbarung belegen, dass die vierundzwanzig Ältesten die Gemeinde oder den Leib Christi repräsentieren.

Ihr Titel

Sie werden Älteste genannt (*presbuteros*). In der Schrift sind das immer die Vertreter des Volkes Gottes. Im Deutschen kennen wir das Wort *Presbyter*. Das erinnert mich an die Geschichte von dem Mädchen, das vom Konfirmandenunterricht nach Hause kam. Ihre Mutter fragte sie, worüber der Pfarrer gesprochen habe. Das Kind antwortete: „Es ging um den Himmel." Die Mutter fragte weiter: „Was hast du denn gelernt?" Das Mädchen entgegnete: „Der Pfarrer hat uns erzählt, dass nur vierundzwanzig Presbyter im Himmel sein würden." (Okay, das war ein Scherz).

Im Neuen Testament sind die Ältesten der Gemeinde ihre Repräsentanten. Diese vierundzwanzig Ältesten repräsentieren die verherrlichte Gemeinde im Himmel.

Ihre Anzahl

Im Alten Testament gab es Tausende levitische Priester (vgl. 1Chr 24). Da nicht alle Priester gleichzeitig im Tempel den Dienst verrichten konnten, war die Priesterschaft in vierundzwanzig Gruppen unterteilt. Ein Vertreter jeder Gruppe tat zwei Wochen Dienst im Tempel, dann wurde gewechselt. Obwohl das ganze Volk Israel ein Königreich von Priestern war (vgl. 2Mo 19,6), durften nur die Söhne Aarons in Gottes Gegenwart treten. Jedoch sind alle Gläubigen der Gemeinde vor Gott Priester (vgl. 1 Petr 2,5.9). Dies ist ein weiterer Beweis dafür, dass die vierundzwanzig Ältesten die Vertreter der gesamten Gemeinde vor Jesus Christus sind.

Ihre Position

Sie sitzen auf Thronen, ein Versprechen, dass der Herr Jesus speziell der Gemeinde machte (vgl. Offb 3,21).

Ihre Kronen

Die Schrift erwähnt nirgends, dass Engel Kronen tragen. Die Gläubigen aus dem Gemeindezeitalter werden jedoch Kronen vor dem Richterstuhl Christi überreicht bekommen (vgl. Offb 2,10). Könnten denn zu dieser Gruppe auch die Erlösten Israels aus dem Alten Testament zählen? Nein. Sie werden erst nach der Trübsal auferweckt und belohnt werden (vgl. Dan 12,1-3).

Ihre Kleidung

Die weißen Gewänder der Ältesten entsprechen der Bekleidung der erlösten Gemeinde (vgl. Offb 3,5.18; 19,8).

Ihr Lob

Nur die Gläubigen des jetzigen Zeitalters können das Lied singen, das die Ältesten in Offenbarung 5,8-9 anstimmen.

Ihre Unterscheidung

Die Ältesten werden in Offenbarung 5,11 klar von den Engeln unterschieden.

Wo sind die Ältesten in Offenbarung 4 – 19? Finden wir sie auf der Erde, wo sie sich auf der Erde auf die Große Trübsal vorbereiteten? Nein! Sie sind im Himmel und beten den an, der auf dem Thron sitzt und das Lamm.

Seit dem ersten Mal, wo die Ältesten in Offenbarung 4,4 erwähnt werden, befinden sie sich im Himmel – gerichtet, belohnt und auf Throne gesetzt. Da die Ältesten die Gemeinde darstellen, ist dies ein weiterer Beweis, dass die Gemeinde vor dem ersten Gericht der Trübsal, das in Offenbarung 6,1 beschrieben wird, in den Himmel entrückt worden sein muss.

Der einzige Ort, wo man die Gemeinde in Offenbarung 4 – 19 wieder findet, ist der Himmel, wo die vierundzwanzig Ältesten auf den Thronen sitzen, in weiße Gewänder gekleidet, eine Krone auf dem Haupt tragen und das Lamm anbeten (vgl. Offb 4,4.10; 5,5-6.8.11.14).

KAPITEL 7
DIE ENTRÜCKUNG DEM ZWEITEN KOMMEN GEGENÜBERGESTELLT

Einige Leute, die sich intensiv mit biblischer Prophetie auseinandersetzen, lehnen den Gedanken ab, dass die Entrückung der Gemeinde und das Zweite Kommen Christi zu unterschiedlichen Zeitpunkten, sieben Jahre voneinander getrennt, stattfinden würden. Sie erwidern, dass Christus dann ja zweimal zurückkäme, während die Bibel nur von einer Wiederkunft Jesu redet.

Im Neuen Testament wird jedoch gelehrt, dass Christus kommen wird, um seine Gemeinde zu holen und sie zum Haus seines Vaters zurückzubringen (vgl. Joh 14,3).

Die Bibel bestätigt außerdem, dass Jesus mit seinen Heiligen zurückkehren wird, wenn er aus dem Himmel auf die Erde kommt, um seine Feinde zu richten und um sein tausendjähriges Königreich aufzurichten (vgl. Sach 14,4-5; Mt 24,27-31). Ich sehe dies als ein Kommen, das in zwei Teile oder Phasen eingeteilt ist, die sieben Jahre voneinander getrennt sind.

Die speziellen Feinheiten, die diese beiden Phasen voneinander unterscheiden, werden von der Lehre der Vorentrückung gut miteinander in Einklang gebracht, währenddessen die anderen Auslegungen es nicht schaffen, diese Feinheiten in ihren Zeitmodellen unterzubringen.

Nachfolgend einige Verse, welche die unterschiedlichen Phasen der Rückkehr Christi zur Erde aufzeigen.

Entrückung
Johannes 14,1-3
Römer 8,19
1. Korinther 1,7-8; 15,51-53; 16,22
Philipper 3,20-21; 4,5
Kolosser 3,4

1. Thessalonicher 1,10; 2,19; 4,13-18; 5,9; 5,23
2. Thessalonicher 2,1; 2,3
1. Timotheus 6,14
2. Timotheus 4,1; 4,8
Titus 2,13

Zweites Kommen
Daniel 2,44-45; 7,9-14; 12,1-3
Sacharja 12,10; 14,1-15
Matthäus 13,41; 24,27-31; 26,64
Markus 13,14-27; 14,62
Lukas 17,20-37; 21,25-28
Apostelgeschichte 1,9-11; 3,19-21
1. Thessalonicher 3,13
2. Thessalonicher 1,6-10; 2,8

Hebräer 9,28
Jakobus 5,7-9
1. Petrus 1,7; 1,13; 5,4
1. Johannes 2,28 – 3,2
Judas 1,21
Offenbarung 2,15; 3,10

1. Petrus 4,12-13
2. Petrus 3,1-14
Judas 1,14-15
Offenbarung 1,7; 19,11 – 20,6; 22,7.12.20

Die einzige narrensichere Methode, wie Sie herausfinden können, was die Bibel über diese Feinheiten aussagt, ist, indem Sie alle Verse gegenüberstellen und überlegen, ob sie dasselbe beschreiben oder nicht. Urteilen Sie selbst! Dr. John Walvoord schlussfolgert:

> Diese Gegensätze sollten den klaren Beweis erbringen, dass die Entrückung der Gemeinde ein ganz anderes Ereignis ist und sich in der Art und Weise und im Zeitpunkt vom Zweiten Kommen Christi und dem Aufbau des Tausendjährigen Reichs klar unterscheidet; dies bestätigt, dass die Entrückung vor der Trübsal stattfinden wird."[16]

Bei beiden Ereignissen spielen Wolken eine Rolle, aber andere Unterschiede zeigen, dass es sich nicht um die gleichen handelt. Bei der Entrückung kommt der Herr, um die Heiligen zu holen (vgl. 1Thess 4,16), beim Zweiten Kommen wird Jesus mit den Heiligen kommen (vgl. 1Thess 3,13).

Bei der Entrückung holt der Herr nur die Gläubigen zu sich, aber sein Zweites Kommen wird für alle Menschen von Bedeutung sein.

Die Entrückung	Die Wiederkunft (Zweites Kommen)
Christus kommt in der Luft (1Thess 4,16-17)	Christus kommt zur Erde (Sach 14,4)
Christus kommt *wegen* der Heiligen (1Thess 4,16-17)	Christus kommt *mit* den Heiligen (1Thess 3,13; Jud 1,14)
Die Gläubigen verlassen die Erde (1Thess 4,16-17)	Ungläubige werden hinweg genommen (Mt 24,37-41)
Christus holt seine Braut	Christus kommt mit seiner Braut

---

16   John F. Walvoord, *The Return of the Lord* (Grand Rapids: Zondervan, 1955), S. 88. Das Zitat und die sechs ersten Beispiele in dem Vergleich oben entstammen den Seiten 87 und 88 von Walvoords Buch *The Return*.

Christus sammelt die Seinen (1Thess 4,16-17)	Engel sammeln die Erwählten (Mt 24,31)
Christus kommt, um zu belohnen (1Thess 4,17)	Christus kommt um zu richten (Mt 25,31-46)
Nicht im Alten Testament vorhergesagt (1Kor 15,51)	Oft im Alten Testament vorhergesagt
Keine Vorzeichen. Unmittelbar bevor-stehend.	Von vielen Zeichen vorgeschattet (Mt 24,4-29)
Eine Zeit des Segens und des Trostes (1Thess 4,18)	Es ist eine Zeit der Zerstörung und des Gerichts (2Thess 2,8-12)
Nur Gläubige sind dabei (Joh 14,1-3; 1Kor15,51-55; 1Thess 4,13-18)	Israel und die Heidenvölker sind involviert (Mt 24,1-25;46)
Wird in einem Nu geschehen, in einem Augenblick. Nur die Seinen werden seine Ankunft erkennen (1Kor 15,51-52)	Wird für die gesamte Welt sichtbar sein (Mt 24,27; Offb 1,7)
Die Trübsalszeit beginnt	Das Tausendjährige Reich beginnt
Christus kommt als der helle Morgenstern (Offb 22,16)	Christus kommt als die Sonne der Gerechtigkeit (Mal 4,2)

Bei der Entrückung geht es um Verwandlung und Auferstehung; beim Zweiten Kommen nicht.

Bei der Entrückung holt der Herr die Gläubigen von der Erde in den Himmel, in das Haus seines Vaters (vgl. Joh 14,3). Beim Zweiten Kommen kehren die Gläubigen vom Himmel zur Erde zurück (vgl. Mt 24,30).

Die Entrückung ist ein unmittelbar bevorstehendes Ereignis, das nicht angekündigt werden wird. Aus menschlicher Sicht kann es jederzeit stattfinden. Das Zweite Kommen wird jedoch von vielerlei Zeichen angekündigt werden (vgl. Mt 24,1-29).

Man kann nicht von ein und demselben Ereignis behaupten, es würde einerseits ohne Ankündigung geschehen, andererseits von vielerlei Zeichen angekündigt werden. Das ist ein völliger Widerspruch. Am besten wird dieser Widerspruch von der Vorentrückung gelöst (die nämlich plötzlich geschieht und jederzeit stattfinden könnte), während die vielen Dinge während der Trübsal als Zeichen verstanden werden, die das Zweite Kommen ankündigen.

Fazit

Während sowohl die Entrückung als auch das Zweite Kommen des Herrn eine Rückkehr beschreiben, lassen diese drastischen Unterschiede keinen anderen Schluss zu, als dass es sich um zwei voneinander zeitlich getrennte Abschnitte handelt. Man kann die Entrückung und das Zweite Kommen einfach nicht zusammenpferchen, wenn man sich die entsprechenden Verse anschaut.

John MacArthur fasst dieses Argument treffend zusammen:

> Die Schrift deutet darauf hin, dass das Zweite Kommen des Herrn in zwei Phasen ablaufen wird – zunächst wird die Entrückung stattfinden, wenn er die Heiligen in die Luft emporhebt, um sich dort mit ihnen zu treffen (1Thess 4,14-17) und zweitens, seine Rückkehr auf die Erde, wenn er mit den Heiligen zusammen wiederkommt (Jud 1,14), um seine Feinde zu richten. Daniels siebzigste Jahrwoche muss *zwischen* diesen beiden Ereignissen stattfinden. Das ist das einzige Szenario, welches das unmittelbare Bevorstehen der Wiederkunft Jesu in Einklang mit den noch nicht erfüllten Zeichen bringt, die seine herrliche Rückkehr mit den Heiligen ankündigen werden.[17]

Christus kommt, um die Heiligen zu sich zu holen. Das könnte schon heute sein. Seien Sie bereit für dieses himmlische Wiedersehen!

---

17   John F. MacArthur, *The Second Coming* (Wheaton: Crossway Books, 1999), S. 87

KAPITEL 8
VOM GÖTTLICHEN ZORN AUSGENOMMEN

Viele Menschen weisen den Gedanken entschieden zurück, dass die Gemeinde vor der Trübsalszeit auf der Erde durch die Entrückung gerettet werden wird. Sie spotten über diese „Fluchtlehre". Wer meinen wir denn zu sein, argumentieren sie, dass von allen Generationen von Gläubigen ausgerechnet wir so besonders sind, dass wir vor einer Zeit der Drangsal gerettet werden?

Seit jeher haben Gläubige Schlimmes erlebt. Einige wurden und werden selbst in unserer modernen Welt bis aufs Blut verfolgt, erleben Verfolgung und sterben als Märtyrer. Jesus selbst lehrte seine Jünger: „In der Welt habt ihr Bedrängnis; aber seid guten Mutes, ich habe die Welt überwunden" (Joh 16,33). In Apostelgeschichte 14,22 sagte Paulus, „dass wir durch viele Bedrängnisse in das Reich Gottes hineingehen müssen."

Lassen Sie mich an dieser Stelle betonen, dass ich *nicht glaube*, dass Christen vor den Schwierigkeiten dieses Lebens bewahrt bleiben, auch nicht vor ganz besonders schlimmen Dingen. Dies kann man selbst durch flüchtiges Nachprüfen sehr schnell anhand der Bibel widerlegen. Gläubige Menschen werden krank, haben familiäre Probleme, müssen emotionalen Stress bewältigen, Verfolgung erdulden, verlieren ihren Job und sterben. Wir leben in einer gefallenen, von der Sünde verfluchten Welt. Aber es besteht ein himmelweiter Unterschied zwischen den Problemen und Nöten, die wir alle auf dieser Welt erdulden müssen und dem Zorn Gottes, der sich wegen eines gottlosen, sündigen Planeten in den letzten Tagen der Erde erregt.

Das ist der Unterschied zwischen Trübsal und *der* Trübsal (mit einem bestimmten Artikel). Wir alle erleben trübe Zeiten. Aber die Bibel lehrt, dass wir vor *der* Trübsal*zeit* bewahrt werden.

Zorn oder Entrückung?

Die Bibel verspricht mehrfach, dass Gottes Kinder vor seinem kommenden Zorn während der Trübsalszeit bewahrt bleiben werden (vgl. 1 Thess 1,9-10; 5,9; Offb 3,10).

Aber *warum* wird bei uns die Ausnahme gemacht? Warum können wir in dieser Zeit sogar *nicht* auf der Erde bleiben?

Die *ganzen* sieben Jahre der Trübsalszeit sind das Gericht Gottes über eine rebellische Welt. Es beginnt mit dem ersten Siegel, das in Offenbarung 6,1 geöffnet wird und dauert bis zum Zweiten Kommen in Offenbarung 19,11-21.

Das Problem des Zorns

Zwei der anderen erwähnten Auslegungen – nämlich die Lehre der Entrückung vor dem Zorn und die Lehre der Entrückung inmitten der Trübsal – sehen diese sieben Jahre ganz anders. Die Vertreter der „Vor-dem-Zorn-Entrückung" behaupten, Gottes Zorn würde erst im zweiten Teil der Trübsalszeit, nämlich nach der Öffnung des siebten Siegels, ausgeschüttet (vgl. Offb 6,12-16). Die Katastrophen und Verwüstungen im ersten Teil der Drangsal seien auf den Zorn der Menschen und auf den Zorn Satans zurückzuführen.

Ähnlich argumentieren die Vertreter der Entrückung inmitten der Trübsal. Gottes Zorn würde erst in den letzten dreieinhalb der sieben Jahre ausgeschüttet werden. Sie lehren, dass Christen kurz vorher hinweg genommen würden. Die meisten dieser Ausleger sind der Ansicht, die Entrückung würde beim Erschallen der letzten Posaune, beschrieben in Offenbarung 11,15-17, stattfinden.

Das Problem dieser beiden Sichtweisen ist, dass alle neunzehn in Offenbarung 6 – 18 beschriebenen Gerichte den Zorn Gottes darstellen.[18] Die Siegelgerichte, die ganz am Anfang der Trübsal erfolgen, werden nicht durch Menschen oder durch Satan ausgelöst, sondern durch das Lamm selbst, also durch Jesus Christus (vgl. Offb 6,1).

---

18   In der Offenbarung werden drei Reihen von jeweils sieben Gerichten beschrieben: die Siegelgerichte, die Posaunengerichte und die Schalengerichte. Das macht zusammen natürlich einundzwanzig. Aber weil im siebten Siegel die sieben Posaunen enthalten sind, und in der siebten Posaune die sieben Schalen, kommt man insgesamt nur auf neunzehn und nicht auf einundzwanzig Gerichte.

Jesus bricht die Siegel und ein Engel befiehlt jedem der vier Reiter, sich zur Erde zu begeben und das Gericht auszuüben. Wer behauptet, der Zorn Gottes beschränke sich auf die letzte Hälfte oder das letzte Viertel der Trübsalszeit, ignoriert, wer die sieben Siegelgerichte am Anfang der Trübsal initiiert. Auch wenn das Wort Zorn tatsächlich erst ab Offenbarung 6,16-17 auftaucht, so werden Worte wie Hungersnot, Schwert, Pest und wilde Tiere, die alle in den ersten vier Siegelgerichten auftauchen, an anderen Stellen der Bibel mit Gottes Zorn gleichgesetzt (vgl. Jer 14,12; 15,2; 24,10; 29,17; Hes 5,12.17; 14,21).

Man kann sich die Braut Christi nicht inmitten einer solchen Situation vorstellen, der Sinn und Zweck der Trübsal lässt dies einfach nicht zu.

Ist die Vorentrückung nur eine Flucht?

Man hört oft, dass die Anhänger der Lehre der Vorentrückung nur auf der Suche nach einem Mauseloch seien, dass sie einen Notausgang haben möchten, der es ihnen ermöglicht, vor den Problemen der Welt zu fliehen. Aber die Lehre der Entrückung vor der Trübsalszeit ist keine Wirklichkeitsflucht.

Ich nenne es lieber ‚Glauben'.

Ich glaube an Gottes Versprechen, dass er uns vor seinem Zorn bewahren möchte. Und wenn wir nur etwas von dem begreifen, was am Ende dieser Zeit dieser Erde bevorsteht, sollten wir dankbar sein, dass wir Gottes Zorn nicht erleben werden.

Ich finde gut, was Billy Graham in seinem Buch „Welt in Flammen" schreibt:

> Als ich über die Zukunft sprach, die dieser Welt bevorsteht, fragte mich ein Student an der Universität von Hawaii: „Ist das denn nicht einfach nur der Wunsch zu fliehen?" Ich antwortete: „Ja, da ist was dran; und bevor der Teufel mit dieser Welt fertig ist, wird jeder auf der Suche nach dem Notausgang sein."[19]

---

19   Billy Graham, Welt in Flammen (Elberfeld, R. Brockhaus Verlag, 1966)

Die Entrückung ist der „Notausgang" für die Kinder Gottes, der sie vor der Trübsalszeit bewahrt.

Das ganze Wesen dieser sieben Jahre, ihr Sinn und Zweck, machen es notwendig, dass Gottes Kinder vorher gerettet werden. Ich möchte sichergehen, dass Sie das Wesen dieses besonderen Zeitabschnitts der Menschheitsgeschichte verstehen und möchte deshalb einige wichtige Tatsachen erörtern.

Das Wesen der Trübsalszeit

In seiner ergreifenden Rede auf dem Ölberg, zwei Tage vor seinem Kreuzestod, skizzierte Jesus den Zeitabschnitt, der seinem Zweiten Kommen vorausgehen würde. Er ließ keinen Zweifel daran, dass diese Welt nicht besser werden würde, sondern extrem schwere Zeiten anbrechen würden.

Jesus sagte, dass das Ende dieses Zeitalters eine Phase noch nie gekannten Terrors sein würde. In der Menschheitsgeschichte ist so etwas bisher noch nie da gewesen, noch nicht einmal annähernd. Es wird viel schlimmer und viel härter sein. Jesus sagte: „Denn dann wird große Bedrängnis sein, wie sie von Anfang der Welt bis jetzt nicht gewesen ist und auch nie sein wird" (Mt 24,21).

Das ist eine ziemlich harte Aussage, denn in der Vergangenheit hat es schon ziemlich schlimme Zeiten gegeben, meinen Sie nicht auch? Millionen von Menschen wurden von Seuchen dahingerafft. Blutige Kriege. Hungersnöte. Weltkriege. Erdbeben. Der Holocaust.

Warum wird diese zukünftige Zeit, die Jesus die „große Bedrängnis" (in anderen Übersetzungen „Trübsal") genannt hat, schlimmer sein als alles Bisherige? Ich nenne Ihnen zwei Aspekte.

Das Ausmaß der Trübsal

Der Schrecken und die Zerstörung betreffen nicht nur wenige Regionen, sondern werden weltweite Ausmaße haben und noch nie gekannten Horror verbreiten. Man wird sich nirgends verstecken können.

Wie wir schon gesehen haben, wird diese Zeit der Trauer und des Weherufens hauptsächlich in Offenbarung 6 – 19 beschrieben. Diese vierzehn Kapitel konzentrieren sich auf die schrecklichen Phasen des Endzeitgerichts. In diesem Zeitraum wird es drei Gerichtsphasen mit je sieben einzelnen Gerichten geben, die der Herr auf die Erde niederkommen lässt.

Es gibt sieben Siegelgerichte (vgl. Offb 6 – 8), sieben Posaunengerichte (vgl. Offb 8 – 10) und sieben Schalengerichte (vgl. Offb 16,1-12). Diese Gerichtsserien werden nach und nach in der Trübsalszeit ablaufen.

Sieben Siegel.
Sieben Posaunen.
Sieben Schalen.

Ich glaube, dass die sieben Siegel während der ersten Hälfte der Trübsalszeit geöffnet werden. Die sieben Posaunen erschallen in der zweiten Hälfte. Die sieben Schalen werden am Ende der Trübsal ausgegossen, ganz kurz vor der Wiederkunft Christi.

Erste Hälfte der Trübsal	Zweite Hälfte der Trübsal	Zweites Kommen
Sieben Siegel	Sieben Posaunen	Sieben Schalen

Immer wieder vergleicht die Schrift diese Gerichte mit den Schmerzen einer Geburt (vgl. Jer 30,4-7; Mt 24,8; 1Thess 5,3). Und wie bei einer Geburt die Schmerzen gegen Ende immer schneller, heftiger und länger auftreten, wird auch in der Trübsalszeit alles schlimmer werden.

In Offenbarung 6 – 19 werden die drei alles niederwalzende Wellen des Gerichtes Gottes beschrieben.

Die sieben Siegelgerichte

Das erste Siegel (6,1-2) – Das weiße Pferd: der Antichrist
Das zweite Siegel (6,3-4) – Das feuerrote Pferd: Krieg
Das dritte Siegel (6,5-6) – Das schwarze Pferd: Hungersnöte
Das vierte Siegel (6,7-8) – Das fahle Pferd: Tod und Hades
Das fünfte Siegel (6,9-11) – Die Märtyrer im Himmel
Das sechste Siegel (6,12-17) – Weltweite Erhebung und Verwüstung
Das siebte Siegel (8,1-2) – Die sieben Posaunen

Die sieben Posaunengerichte

Die erste Posaune (8,7) – Blutiger Hagel und Feuer: ein Drittel der Pflanzenwelt zerstört
Die zweite Posaune (8,8-9) – Ein Feuerball vom Himmel: ein Drittel der Meere verseucht
Die dritte Posaune (8,10-11) – Der fallende Stern: ein Drittel des Trinkwassers verseucht
Die vierte Posaune (8,12) – Dunkelheit: ein Drittel der Sonne, des Mondes und der Sterne verdunkelt
Die fünfte Posaune (9,1-12) – Die Invasion der Dämonen: Qualen
Die sechste Posaune (9,13-21) – Die Armee der Dämonen: ein Drittel der Menschheit getötet
Die siebte Posaune (11,15-19) – Das Königreich: Die Ankündigung der Herrschaft Christi

Die sieben Schalengerichte

Die erste Schale (16,2) – Auf der Erde: Geschwüre auf denen, die den Antichristen anbeten
Die zweite Schale (16,3) – Auf dem Meer: Wasser verwandelt sich in Blut
Die dritte Schale (16,4-7) – Auf dem Trinkwasser: Wasser verwandelt sich in Blut
Die vierte Schale (16,8-9) – Auf der Sonne: Hitze, die alles versengt
Die fünfte Schale (16,10-11) – Auf dem Reich des Antichristen: Dunkelheit und Schmerz
Die sechste Schale (16,12-16) – Auf dem Fluss Euphrat: Harmageddon
Die siebte Schale (16, 17-21) – Auf der Luft: Erdbeben und Hagel

Was wir gerade gelesen haben, übersteigt unser Vorstellungsvermögen. Die Hälfte der Menschheit wird in zwei der neunzehn Gerichte hinweggerafft. Beim vierten Siegelgericht stirbt ein Viertel der Menschheit (Offb 6,8) und beim fünften Posaunengericht wird ein weiteres Drittel der Menschheit vernichtet (vgl. Offb 9,18).

Die gesamte Umwelt des Planeten wird zerstört werden. Offenbarung 16,19-21 beschreibt diese weltweite Verwüstung: „Und die Städte der Nationen fielen ... und jede Insel verschwand, und Berge wurden nicht gefunden. Und ein großer Hagel, wie zentnerschwer, fällt aus dem Himmel auf die Menschen nieder."

Stellen Sie sich einmal vor, was es bedeuten würde, während dieser gewaltigen Umwälzungen auf der Erde zu wohnen.

Die Vertreter der Entrückung am Ende der Trübsalszeit glauben, dass die Gemeinde auf der Erde bleiben muss und diese schreckliche Zeit der Verwüstung miterleben muss. Sie behaupten, dass Gott seine Kinder während dieser Zeit beschützen wird. Aber wenn man sich einmal die Tragweite dieser Gerichte anschaut, wie könnten Gläubige davon nicht betroffen sein? Die Welt wird im Tsunami des Gerichtes Gottes verschlungen werden.

Der Ursprung der Trübsal

Es gibt einen weiteren Grund, warum das Ende des Zeitalters bei weitem der schlimmste Zeitabschnitt im Verlauf der Menschheitsgeschichte sein wird. Wenn wir uns heute umschauen und Leid, Elend, Schmerzen und Angst sehen, dann sehen wir das Resultat des Zornes der Menschen und das Resultat des grenzenlosen Hasses Satans. Aber in der Trübsalszeit, wird Gott selbst seinen Zorn auf die sündige, rebellische Welt niederlassen – in einem Ausmaß, das die Welt seit der Flut in den Tagen Noahs nicht mehr erlebt hat. Alle neunzehn der Trübsal-Gerichte sind von der Hand des Allmächtigen.

Lesen Sie die folgenden Verse der Offenbarung. Beachten Sie, dass Gott und das Lamm der Ursprung dieses Zorns gegenüber der Welt sind, von Anfang bis Ende. In jedem Vers habe ich den Zorn Gottes kursiv gedruckt.

> Und sie sagen zu den Bergen und zu den Felsen: Fallt auf uns und verbergt uns vor dem Angesicht dessen, der auf dem Thron sitzt, und vor dem *Zorn des Lammes*! Denn gekommen ist der große Tag *ihres Zorns*. Und wer vermag zu bestehen? (6,16-17)

> Und die Nationen sind zornig gewesen, und *dein Zorn* ist gekommen und die Zeit der Toten, dass sie gerichtet werden und dass du den Lohn gibst deinen Knechten, den Propheten, und den Heiligen und denen, die deinen Namen fürchten, den Kleinen und den Großen, und die du verdirbst, welche die Erde verderben (11,18).

So wird auch er trinken vom Wein des *Grimmes Gottes*, der unvermischt im Kelch seines *Zornes* bereitet ist; und er wird mit Feuer und Schwefel gequält werden vor den heiligen Engeln und vor dem Lamm (14,10).

Und der Engel warf seine Sichel auf die Erde und las den Weinstock der Erde ab und warf die Trauben in die große Kelter des *Grimmes Gottes* (14,9).

Und ich sah ein anderes Zeichen im Himmel, groß und wunderbar: Sieben Engel, die sieben Plagen hatten, die letzten; denn in ihnen wurde der *Grimm Gottes* vollendet (15,1).

Und eines der vier lebendigen Wesen gab den sieben Engeln sieben goldene Schalen, voll des *Grimmes Gottes*, der da lebt von Ewigkeit zu Ewigkeit (15,7).

Und ich hörte eine laute Stimme aus dem Tempel zu den sieben Engeln sagen: Geht hin und gießt die sieben Schalen des Grimmes Gottes aus auf die Erde (16,1).

Und die Große Stadt wurde in drei Teile gespalten, und die Städte der Nationen fielen, und der großen Stadt Babylon wurde vor Gott gedacht, ihr den Kelch des Weines des *Grimmes seines Zornes* zu geben (16,19).

Und sie werden aus Furcht vor ihrer Qual weitab stehen und sagen: Wehe, wehe! Die große Stadt, Babylon, die starke Stadt! Denn in einer Stunde ist *dein Gericht* gekommen (18,10).

Die in Sünde lebenden Menschen werden erkennen, dass das weltweite Gericht, das auf Erde, Meer, Sonne und die Luft hernieder kommt, vom Allmächtigen selber geschickt wurde, aber sie werden trotzdem nicht Buße tun (vgl. Offb 6,16-17; 16,9-11). Was für ein Bild von der Verdorbenheit der menschlichen Seele!

Gottes Zorn wird noch nie gekannte Ausmaße annehmen. Und unwillkürlich fragt man sich: Sollte Gott seine Braut in einer solchen

Situation auf der Erde zurücklassen? Das kann ich mir einfach nicht vorstellen.

J. F. Strombeck beobachtete einmal Folgendes: „Man muss einfach fragen: Wie könnte das Lamm Gottes sterben und auferstehen, um die Gemeinde vom Zorn zu erretten, aber gleichzeitig zulassen, dass sie dem Zorn ausgesetzt wird, den er über die kommen lässt, die ihn abgelehnt haben? Eine solche Wankelmütigkeit mag ja bei Menschen vorkommen, aber nicht beim Sohn Gottes."[20]

Die Sprache der Trübsal

Wenn wir den Schrecken der Endzeit verstehen wollen – und warum die Gemeinde davor bewahrt werden muss – müssen wir uns ansehen, mit welchen drastischen Ausdrücken die Bibel diese entsetzliche Zeit schildert.

Alttestamentliche Begriffe und Umschreibungen für die Trübsalszeit

Bezeichnungen für die Trübsal	Alttestamentliche Bibelstellen
Geburtswehen	Jesaja 21,3; 26,17-18; 66,7; Jeremia 4,31; Micha 4,10
Tag des Herrn	Obadja 1,15; Joel 1,15; 2,1.11.31; 3,14; Amos 5,18; Jesaja 2,12; 13,6.9; Zephanja 1,7.14; Hesekiel 13,5; Sacharja 14,1
Der große und schreckliche Tag des Herrn	Maleachi 4,5
Tag des Grimms	Zephanja 1,15
Tag der Not	Zephanja 1,15
Tag des Grimms des Herrn	Zephanja 1,18
Tag der Verwüstung	Zephanja 1,15
Tag der Rache	Jesaja 34,8; 35,4; 61,2; 63,4
Zeit der Bedrängnis für Jakob	Jeremia 30,7
Tag der Finsternis und der Dunkelheit	Zephanja 1,15; Amos 5,18.20; Joel 2,2
Tag des Horns	Zephanja 1,16

---

20 J. F. Strombeck, S. 133

Tag des Kampfgeschreis	Zephanja 1,16
Tag der Verwüstung vom Allmächtigen	Joel 1,15
Tag des Verderbens	5. Mose 32,35; Obadja 1,12-14
Not, Ende der Tage	5. Mose 4,30; Zephanja 1,16
Eine Woche = [Daniels] Siebzigste Woche	Daniel 9,27
Das befremdende Werk d. Herrn – Jes 28,21	Jesaja 28,14-22
Die Verwünschung / der Zorn des Herrn	Daniel 12,1; Zephanja 1,15
Die Zeit des Endes	Daniel 12,9
Das Feuer seines Eifers	Zephanja 1,18

Neutestamentliche Begriffe und Umschreibungen für die Trübsalszeit

Bezeichnungen für die Trübsal	Alttestamentliche Bibelstellen
Der Tag	1. Thessalonicher 5,4
Diese Tage	Matthäus 24,22; Markus 13,20
Der Tag des Herrn	1. Thessalonicher 5,2
Der Zorn	1. Thessalonicher 5,9; Offenbarung 11,18
Der zukünftige Zorn	1. Thessalonicher 1,10
Der große Tag ihres Zorns	Offenbarung 6,17
Der Zorn Gottes	Offenbarung 15,1.7; 14,10.19; 16,1
Der Zorn des Lammes	Offenbarung 6,17
Die Stunde der Versuchung	Offenbarung 3,10
Die Bedrängnis	Matthäus 24,29; Markus 13,24
[Die Tage der] Bedrängnis	Markus 13,19
Die große Bedrängnis	Matthäus 24,21; Offenbarung 2,22; 7,14
Die Stunde des Gerichts	Offenbarung 14,7
Der Anfang der Wehen	Matthäus 24,8

Die Gründe für die Trübsal

Vielleicht fragen Sie sich: „Warum macht Gott so etwas überhaupt? Warum will er die Welt, die er doch geschaffen hat, unter solch ein schreckliches Gericht bringen? Warum muss solch ein Leid und Elend überhaupt sein?"

Die Schrift nennt mindestens fünf Gründe für die Trübsalszeit. Diese fünf Begründungen beziehen sich auf eine bestimmte Person oder Personengruppe: Israel, die Nationen, Gott, Satan und die Gläubigen der Trübsalszeit.

1. Um Israel zu läutern (Der Plan für Israel)

Gott wird die Trübsalszeit als Werkzeug benutzen, um die Juden auf ihre Knie zu bringen. Während dieser sieben schicksalhaften Jahre wird Gott das Volk Israel hart anpacken; menschlich gesehen wird es keine Hoffnung für sie geben. Das rebellische Volk wird von Gott im Feuer der Trübsalszeit geläutert werden.

> *Und es wird im ganzen Land geschehen, spricht der HERR, zwei Teile davon werden ausgerottet, verscheiden, und nur der dritte Teil davon bleibt übrig. Und ich bringe den dritten Teil ins Feuer, läutere sie, wie man das Silber läutert, und prüfe sie, wie man das Gold prüft. Der wird meinen Namen anrufen, und ich werde ihm antworten, ich werde sagen: Er ist mein Volk. Und er wird sagen: Der HERR ist mein Gott (Sach 13,8-9).*

Das jüdische Volk wird zu Gott schreien, um Rettung von ihren Sünden zu finden. Sie werden Gott anflehen, aus dem Himmel herabzukommen und sie zu retten:

> *Tritt doch aus dem Himmel hervor, komm herab und lass die Berge in deiner Gegenwart zittern ... Du stelltest uns als Menschen bloß, die von jeher in Sünde leben. Aber wir wurden gerettet. Wir sind alle wie Unreine geworden. Unsere gerechten Taten sind nicht besser als ein blutverschmiertes Kleid ... Und doch, Herr, bist du unser Vater. Wir sind der Ton, du bist der Töpfer und wir sind das Werk deiner Hand. Zürne nicht so sehr, Herr. Trag uns unsere Sünden nicht ewig nach. Sieh doch*

her zu uns, wir alle sind dein Volk (Jes 63,19; 64,4-5.7-8, Neues Leben Übersetzung).

Gott wird dieses Gebet, das aus bußfertigem Herzen gesprochen wird, erhören und einen Überrest in Israel erretten. Wenn das Volk Israel Buße tut und zu seinem Messias umkehrt, wird er in großer Herrlichkeit umkehren (vgl. Mt 23).

2. Um die heidnischen Nationen zu bestrafen (Der Plan für die Nationen)

Gott wird die Trübsalszeit benutzen, um die Heidenvölker und alle Ungläubigen zu bestrafen, weil sie seinen Sohn abgelehnt haben.

3. Um Gottes Macht unter Beweis zu stellen (Der Plan für Gott)

Vor ungefähr 3500 Jahren verhöhnte der ägyptische Pharao den Gott des Himmels und lästerte ihn: „Wer ist der HERR, dass ich auf seine Stimme hören sollte, Israel ziehen zu lassen? Ich kenne den HERRN nicht und werde Israel auch nicht ziehen lassen" (2Mo 5,2). Gott hörte diese unverschämte Herausforderung und man meint, Gott würde antworten: „Möchtest du wirklich wissen, wer ich bin? Ich werde dir zeigen, mit wem du es zu tun hast."

In den nächsten acht Kapiteln wird Gottes Reaktion beschrieben und wie er dem Pharao, seinen Magiern und dem ganze Rest der Menschheit zeigt, wer er ist. Nach der zehnten Plage bettelte Pharao darum, dass die Israeliten sein Land verlassen mögen.

In einem ähnlichen Anfall von Prahlsucht wird auch der Antichrist den wahren und lebendigen Gott verleugnen und sich selbst als Gott anbeten lassen. Gott wird noch einmal Plagen schicken, um seine Macht unter Beweis zu stellen und seine Ehre wiederherzustellen – nur diesmal mit weltweiten Ausmaßen. Gott wird einer aufrührerischen Welt beweisen, dass er der alleinige Gott ist.

4. Um Satans wahres Gesicht zu zeigen (Der Plan mit Satan)

In der Trübsalszeit wird Gott auch seinen Zweck mit Satan erfüllen. Gott wird diese Phase nutzen, um Satan als den zu entlarven, der er ist: ein Lügner, ein Dieb und Mörder. Wenn Gott seinem Feind freie

Bahn gewährt und alles, was ihn bisher in seine Schranken verwiesen hat, wegnimmt (vgl. 2Thess 2,7), wird sich der gewissenlose Charakter Satans offenbaren und die Welt den letzten Feuersturm des Drachens erleben. Da er weiß, dass er nur wenig Zeit hat, verspuckt diese Schlange ihr Gift mit aller Härte und Kraft: „Darum seid fröhlich, ihr Himmel und die ihr in ihnen wohnt! Wehe der Erde und dem Meer! Denn der Teufel ist zu euch hinab gekommen und hat große Wut, da er weiß, dass er nur eine kurze Zeit hat."

5. Um eine Gruppe von Gläubigen freizukaufen (Der Plan mit den Gläubigen der Trübsalszeit)

Die Trübsalszeit wird die größte Evangelisation in der Geschichte der Menschheit sein. Der Herr wird diese schreckliche Zeit in seiner Gnade auch dazu benutzen, dass Menschen zur Buße kommen und dem wahren Schöpfer ihr Vertrauen schenken. Die Seelenernte dieser Tage wird größer sein als man sich überhaupt vorstellen kann. Während der Großen Trübsal wird es eine große Erweckung geben.

> *Nach diesem sah ich: Und siehe, eine große Volksmenge, die niemand zählen konnte, aus jeder Nation und aus Stämmen und Völkern und Sprachen, stand vor dem Thron und vor dem Lamm, bekleidet mit weißen Gewändern und Palmen in ihren Händen. Und sie rufen mit lauter Stimme und sagen: Das Heil unserem Gott, der auf dem Thron sitzt, und dem Lamm! ... Und einer von den Ältesten begann und sprach zu mir: Diese, die mit weißen Gewändern bekleidet sind — wer sind sie, und woher sind sie gekommen? Und ich sprach zu ihm: Mein Herr, du weißt es. Und er sprach zu mir: Diese sind es, die aus der großen Bedrängnis kommen, und sie haben ihre Gewänder gewaschen und sie weiß gemacht im Blut des Lammes (Offb 7,9-10.13-14).*

Haben Sie jedoch gemerkt, dass bei der Aufzählung der verschiedenen Absichten, die Gott mit der Trübsalszeit verfolgt, eine Personengruppe fehlt?

Die Gemeinde.

Die Trübsalszeit ist nicht für die Gemeinde bestimmt, den Leib Christi, die Braut des Herrn. Es gibt keinen Grund, weshalb wir Gottes Zorn am eigenen Leib erfahren sollten. Es ist tatsächlich so, dass uns versprochen wird, verschont zu bleiben.

Nachdem wir das Wesen, die Ausmaße, die Herkunft und den Zweck der Trübsal verstanden haben, wollen wir uns nun einigen *Bildern* und einigen *Versprechen* zuwenden, die zeigen, dass die Gemeinde nicht von der Trübsal betroffen sein wird.

Gerettet vom Zorn

Auch wenn die Entrückung im Alten Testament nicht erwähnt wird, können wir von Anfang an sehen, dass es nicht Gottes Wesen und seinen Plänen entspricht, die Gerechten mit den Ungerechten in einen Topf zu werfen. In 1. Mose 19 lesen wir von der Rettung Lots und seiner Familie aus Sodom, als Gott seinen Zorn auf die Städte der Ebene ausschüttete.

Die Entrückung von Henoch in den Himmel vor der Flut ist ein anderes Bild, welches dieses biblische Prinzip widerspiegelt (vgl. 1Mo 5,24).

Die Vorentrückung in 1. Thessalonicher

Vier wichtige Punkte im ersten Thessalonicherbrief deuten an, dass die Gemeinde vor dem kommenden Zorn der Trübsalszeit bewahrt werden wird.

Das Versprechen zu erretten

In den Versen 9-10 im ersten Kapitel wird explizit erklärt, dass wir vor dem kommenden Zorn der Trübsal errettet werden: „Denn sie selbst erzählen von uns, welchen Eingang wir bei euch hatten und wie ihr euch von den Götzen zu Gott bekehrt habt, dem lebendigen und wahren Gott zu dienen und seinen Sohn aus den Himmeln zu erwarten, den er aus den Toten auferweckt hat – Jesus, der uns *rettet von dem kommenden Zorn*" (Hervorhebungen hinzugefügt). Dieser Text lehrt ganz deutlich, dass Jesus vom Himmel herabkommt und uns vor dem zukünftigen Zorn erretten wird. Vor *Zorn* steht ein bestimmter Artikel. Es geht hier nicht um Rettung von irgendeinem Zorn, sondern von *dem* Zorn. Das weist auf den ganz bestimmten Zorn während des kommenden Tags des Herrn hin. In diesen Versen sehen wir auch, dass wir nicht irgendwie gerettet werden, sondern dass Jesus Christus aus dem Himmel kommt, um uns vor dem Zorn zu erretten. Diese Verse untermauern recht offensichtlich die Position der Lehrer der Vorentrückung.

Zuerst die Entrückung

Zweitens sehen wir in 1. Thessalonicher 4,13 – 5,9 einen Zeitablauf, der für sich selbst spricht. Die Verse 4,13-18 haben wir ja schon näher untersucht und herausgefunden, dass es um die Entrückung der Gemeinde geht, die ihrem Herrn in der Luft begegnen wird.

In 1. Thessalonicher 5,1 fängt Paulus mit einem neuen Thema an, eingeleitet durch den Ausdruck „was aber ... betrifft" (im Griechischen *peri de*). Man kann in den Briefen des Apostels sehen, dass dies sein Lieblingsausdruck für die Einleitung eines Themenwechsels ist. Diese Formulierung zeigt, dass er das Thema Entrückung für beendet hält. Aber womit beschäftigt er sich dann in den Versen 1 bis 9? Mit dem Tag des Herrn, bzw. der noch ausstehenden Trübsalszeit.

> *Was aber die Zeiten und Zeitpunkte betrifft, Brüder, so habt ihr nicht nötig, dass euch geschrieben wird. Denn ihr selbst wisst genau, dass der Tag des Herrn so kommt wie ein Dieb in der Nacht (1 Thess 5,1-2).*

Warum ist dies wichtig? Wegen der Reihenfolge der Ereignisse. Was wird zuerst erwähnt, die Entrückung oder die Trübsalszeit? Zuerst die Entrückung, erst dann die Trübsal. Die Trübsal wird als ein separates und später stattfindendes Ereignis beschrieben.
Die Reihenfolge ist klar.

1. Thessalonicher 4,13-18	Die Entrückung
1. Thessalonicher 5,1-9	Der Tag des Herrn (Trübsalszeit)

Die Entrückung und der Tag des Herrn können nicht Teil des gleichen Ereignisses sein, wie die Anhänger der Lehre der Entrückung am Ende der Trübsal behaupten. [21] In einem der wichtigsten Abschnitte über Prophetie in der ganzen Bibel wird die Entrückung vor dem Tag des Herrn platziert.

---

21 Gleason L. Archer, *The Rapture: Pre*, S. 117-118

Ihr und *sie*

Drittens: Beachten Sie das Wechselspiel der angesprochenen Personengruppen in 1. Thessalonicher 5,1-5. Es besteht ein feiner, aber entscheidender Unterschied. Lesen Sie bitte 1. Thessalonicher 5,1-5 und achten Sie auf die kursiv gedruckten Pronomen (Sie hätten bestimmt nicht gedacht, dass jemand so viel Freude an Pronomen hat):

> Was aber die Zeiten und Zeitpunkte betrifft, Brüder, so habt *ihr* nicht nötig, dass *euch* geschrieben wird. Denn *ihr* selbst wisst genau, dass der Tag des Herrn so kommt wie ein Dieb in der Nacht. Wenn *sie* sagen: Friede und Sicherheit!, dann kommt ein plötzliches Verderben über *sie*, wie die Geburtswehen über die Schwangere; und *sie* werden nicht entfliehen. *Ihr* aber, Brüder, seid nicht in Finsternis, dass *euch* der Tag wie ein Dieb ergreife; denn *ihr* alle seid Söhne des Lichtes und Söhne des Tages; *wir* gehören nicht der Nacht und nicht der Finsternis.

Haben Sie den deutlichen Wechsel zwischen *ihr/euch/wir* (die Gläubigen; 1. und 2. Person) und *sie* (die Ungläubigen; 3. Person) bemerkt?

Lassen Sie uns an dieser Stelle einen Moment verharren. Dieser Pronomenwechsel ist sehr wichtig, denn dadurch erkennt man deutlich, dass es im Zusammenhang der Trübsalszeit zwei Personengruppen geben wird, die deutlich voneinander abgegrenzt sind. Die eine Gruppe wird entrückt werden und die andere wird ins Verderben gehen.

Der Tag des Herrn wird über *sie* kommen und *sie* werden nicht fliehen können (vgl. V.3). In Vers 4 sehen wir dann den drastischen Wechsel: „*Ihr* aber ... seid nicht in Finsternis." Sie sind unmissverständlich von den Gläubigen der Verse 4 – 11 abgegrenzt, die entkommen werden.

Dieser klare Unterschied zwischen den Ungläubigen, die nicht entkommen können, und den Gläubigen, die entkommen werden, ist ein weiteres, stichfestes Argument für die Sicht, dass die Gläubigen vor dem Zorn des Tags des Herrn verschont bleiben.

Eine Verabredung

Viertens: In 1. Thessalonicher 5,9 steht: „Denn Gott hat uns nicht zum Zorn bestimmt, sondern zum Erlangen des Heils durch unseren Herrn Jesus Christus." Mit anderen Worten, an Christus gläubige Menschen haben eine Verabredung mit der Erlösung und nicht mit dem Zorn.

Manche behaupten, dass dieser Vers aussagen würde, dass die Kinder Gottes nicht für den Zorn der Hölle bestimmt sind, sondern dass sie errettet würden. Ich sehe das anders – und nenne zwei wichtige Gegenargumente.

Erstens: Die Thessalonicher wussten längst, dass sie nicht den Zorn der Hölle zu erwarten hatten. Paulus hatte ihnen das schon ganz deutlich in 1. Thessalonicher 1,4 gesagt.

Zweitens: Im Kontext von 1. Thessalonicher 5,1-8, über welchen Zorn hatte Paulus gerade geschrieben? Nicht den Zorn der Hölle, sondern über den Zorn der Trübsalszeit, bzw. des Tags des Herrn. In diesem Zusammenhang geht es also darum, dass die Gläubigen von letzterem Zorn errettet werden sollen.

Dr. John Walvoord schreibt dazu: „In diesem Abschnitt sagt er ausdrücklich, dass wir eine Verabredung mit Christus in der Luft haben; die Welt muss noch auf den Tag des Herrn warten, den Tag des Zorns. Man kann aber nur zu einer dieser Verabredungen gehen."[22] Wir vereinbaren diese Verabredung zum Heil, zur Entrückung, in dem Moment, in dem wir Jesus Christus als unseren persönlichen Retter annehmen.

Lehrte der Apostel Paulus die Vorentrückung?

Nach dem ersten Brief an die Thessalonicher schrieb Paulus innerhalb von ein paar Monaten einen zweiten. Dieser Brief steht in unserer Bibel als 2. Thessalonicherbrief.

Diesmal war das Problem, dass jemand der Gemeinde einen gefälschten Brief geschrieben hatte und behauptete, er sei von Paulus. In dieser Fälschung stand drin, dass der in 1. Thessalonicher 5 angesprochene Tag des Herrn schon längst angebrochen und die Gemeinde mittendrin sei.

---

22 Walvoord, *The Thessalonian Epistles*, S. 54

Dieser Betrug hatte die Thessalonicher natürlich zutiefst verunsichert. Ihre Not wird in 2. Thessalonicher 2,1-2 deutlich: „Wir bitten euch aber, Brüder, wegen der Ankunft unseres Herrn Jesus Christus und unserer Vereinigung mit ihm, dass ihr euch nicht schnell in eurem Sinn erschüttern, auch nicht erschrecken lasst, weder durch Geist noch durch Wort noch durch Brief, als seien sie von uns, als ob der Tag des Herrn da wäre."

In anderen Worten: „Lasst euch nicht so schnell aus der Bahn werfen, wenn ihr irgendwo etwas aufschnappt oder wenn in einem vermeintlich von mir verfassten Brief behauptet wird, dass der Tag der Ankunft unseres Meisters schon gewesen sei."

Was zeigt uns aber diese Aussage von Paulus? Ich glaube, dass man aus diesem Abschnitt ableiten kann, dass die Thessalonicher erwarteten, vor der Trübsal entrückt zu werden. Wie ich darauf komme? Sehen Sie es einmal aus dem anderen Blickwinkel. Wenn die Thessalonicher in der Annahme lebten, dass sie vor Christi Wiederkehr erst noch durch die Trübsal hindurch gehen müssten, warum waren sie dann so entsetzt, als sie einen Brief erhielten, in dem stand, dass der Tag des Herrn angebrochen sei? Dann hätten sie sich doch eigentlich freuen und keine Angst haben müssen. Das hätte doch gezeigt, dass alles, was Paulus sie gelehrt hatte, in Erfüllung ging. Sie hätten der Trübsalszeit mit Hoffnung entgegengesehen und mit der Bereitschaft durchzuhalten, denn sie wussten ja, dass das Kommen des Herrn in weniger als sieben Jahren erfolgen würde.

Aber so reagierten sie eben nicht. Als ihnen mitgeteilt wurde, dass sie schon mitten in der Trübsal seien, waren sie in ihrem „Sinn erschüttert" und erschrocken. Der gefälschte Brief stand in offenem Widerspruch zu dem, was Paulus sie in 1. Thessalonicher 4 – 5 gelehrt hatte und stimmte nicht damit überein, was sie über den Zeitpunkt der Errettung gelernt hatten.

Die vermeintliche Aussage von Paulus, dass die Trübsal schon begonnen habe, traf sie ganz unvorbereitet. Sie waren schockiert und völlig durcheinander. Panik brach aus. Entweder hatte Paulus sie mit der Lehre der Vorentrückung belogen oder sie hatten ihn gänzlich missverstanden oder die Entrückung hatte ohne sie stattgefunden. Jedes dieser Szenarien wäre eine Katastrophe gewesen.

Aus 2. Thessalonicher 2,1-2 kann man nur einen zuverlässigen Schluss ziehen. Basierend auf dem, was Paulus sie vorher gelehrt hatte, glaubten diese Christen, dass die Entrückung vor dem Beginn der Trübsal stattfinden würde.

Im Verlauf des 2. Thessalonicherbriefs beweist Paulus den Briefempfängern, dass sie die Opfer einer falschen Lehre und eines falschen Lehrers geworden waren. Sie erlebten mit Sicherheit noch nicht den „Tag des Herrn" und alle Ängste diesbezüglich waren unberechtigt.[23]

Vor der Stunde bewahrt

Im dritten Kapitel der Offenbarung verspricht der Herr sehr deutlich, dass er die Seinen vor der Trübsal bewahren wird: „Weil du das Wort vom Harren auf mich bewahrt hast, werde auch ich dich bewahren vor der Stunde der Versuchung, die über den ganzen Erdkreis kommen wird, um die zu versuchen, die auf der Erde wohnen. Ich komme bald" (3,10-11).

Vier Aspekte dieses Versprechens sind mir wichtig. Erstens verspricht der Herr, dass er Gläubige vor der „Stunde der Versuchung" bewahren werde. Das Deutsche *bewahren* kommt von dem griechischen Wort *tereo ek*. Die Anhänger der Vorentrückung erklären, dieser Satz unterstreiche den Gedanken einer Evakuierung von der Erde *vor* der Trübsal. Anhänger der Entrückung nach der Trübsal behaupten, dieser Vers lehre, dass die Gemeinde *während* der Trübsal auf der Erde bewahrt werde.

Wenden wir uns also dem wichtigen griechischen Ausdruck *tereo ek* zu. *Tereo* bedeutet „aufbewahren, erhalten, beschützen" und die griechische Präposition *ek* bedeutet „von etwas heraus, aus etwas heraus". Diejenigen, die gegen die Vorentrückung sind, behaupten, die Präposition *ek* bedeute „durch". Dann würde in dem Vers stehen, dass der Herr die Gläubigen *durch* die Trübsalszeit hindurch bewahren wird und nicht *vor*.

Aber wenn der Herr das tatsächlich an dieser Stelle meint, warum hat er es dann nicht gesagt?

Wenn er nämlich „durch" gemeint hätte, hätte er die griechische Präposition *dia* nehmen können, die ganz eindeutig durch bedeutet. Zum anderen finden wir *tereo ek* nur noch einmal im Neuen Testament, nämlich in Johannes 17,15: „Ich bitte nicht, dass du sie aus

---

23 Ebd., S. 73

der Welt wegnimmst, sondern dass du sie *bewahrst vor* dem Bösen" (Hervorhebungen hinzugefügt). Der Gebrauch dieser Präposition in Johannes 17,15 unterstützt die Übersetzung in Offenbarung 3,10 mit „vor etwas bewahren", „von etwas heraus".[24] Gott bewahrt seine Kinder nicht *durch* Satan, er bewahrt uns *vor* ihm; er hält uns von ihm fern.

Selbst wenn man Offenbarung 3,10 als Versprechen versteht, dass die Gläubigen während der Trübsal bewahrt werden, wie erklärt man dann Offenbarung 7,9-14, wo von den Millionen von Gläubigen die Rede ist, die in der Trübsal verfolgt werden und als Märtyrer sterben? Es ist viel logischer, wenn man Offenbarung 3,10 so versteht, dass die Gläubigen „vor" dem Zorn Gottes in diesen Tagen des Gerichts bewahrt werden.

Zweitens: Der Herr verspricht seinen Kindern nicht nur, dass sie vor der Versuchung bewahrt werden, sondern vor der Stunde der Versuchung. Wir werden nicht nur vor der Verfolgung der Trübsal bewahrt, sondern vor der ganzen Trübsalszeit. Das unterstützt ganz klar den Evakuierungsgedanken der Vorentrückung und nicht das „Beschützen" der Anhänger der Entrückung am Ende der Trübsal.

Drittens: Die Stunde der Versuchung, vor der die Gläubigen bewahrt werden sollen, findet auf der ganzen Welt gleichzeitig statt. Sie wird „über den ganzen Erdkreis kommen". Was also ist die Stunde der Versuchung? Im Zusammenhang der Offenbarung ist das eindeutig die Trübsalszeit, die in Offenbarung 4 – 18 beschrieben wird.

Viertens: Nachdem Jesus seinen Nachfolgern versprochen hat, sie vor der Stunde der weltweiten Verfolgung zu bewahren, erklärt er in 3,11, wie er das machen will: „Ich komme bald."

Wenn man diese vier Punkte noch einmal Revue passieren lässt, wird einem klar, dass der Herr seine Kinder *vor* der *Zeit* der *weltweiten* Versuchung retten will, *indem* er bei der Entrückung zu ihnen kommt.

Der bekannte Theologe Charles Ryrie erklärt uns diesen Aspekt anhand eines anschaulichen Beispiels.

---

24 Wer eine gründliche und wissenschaftliche Erörterung dieses Themas und verwandter Themen zum Zeitpunkt der Entrückung sucht, siehe Gleason L. Archer, Jr., Paul D. Feinberg, et al, *The Rapture: Pre-, Mid-, or Post-Tribulational?* (Grand Rapids: Academic Books, 1984), S. 63-71

Als Lehrer lasse ich oft Klassenarbeiten schreiben. Nehmen wir einmal an, ich setzte eine Arbeit für ein bestimmtes Datum an, während einer bestimmten Schulstunde. Dann würde ich sagen: „Ich möchte allen Schülern, die bis jetzt auf Eins stehen, etwas versprechen: Ich bewahre euch vor der Arbeit."

Jetzt könnte ich mein Versprechen folgendermaßen halten: Ich könnte ihnen sagen, dass sie zur Arbeit erscheinen sollen und gebe ihnen dann am Anfang der Stunde einen Zettel, wo alle richtigen Antworten draufstehen. Sie würden die Arbeit zwar auch schreiben, aber ich hätte sie davor bewahrt. Sie müssten die Zeit absitzen, aber keine schlechte Note befürchten. So sehen das die Anhänger der Entrückung am Ende der Trübsal: Bewahrung vor Negativem.

Aber wenn ich meinen Schülern sagen würde, „Ich lasse nächste Woche eine Arbeit schreiben. Ich verspreche allen Einserkandidaten, dass ich sie vor der Prüfungsstunde bewahren werde", dann würden alle davon ausgehen, dass sie nicht kommen müssen. Das ist die Vorentrückung und das ist auch die Bedeutung von Offenbarung 3,10. Und dieses Versprechen wurde vom auferstandenen Erlöser ausgesprochen, der den Zorn selbst entfachen wird (vgl. 1Thess 1,10).[25]

Danke, Gott. Wir werden vor der Stunde der Versuchung bewahrt werden.

Die Botschafter nach Hause holen

Die meisten Amerikaner wissen, was am 7. Dezember 1941 geschah. Dieser Tag ist in die Geschichte eingegangen. Die Japaner bombardierten Pearl Harbor. Die Navy hatte hohe Verluste zu verzeichnen und die amerikanische Pazifikflotte war so gut wie gelähmt.

Die meisten Menschen wissen auch, was am 8. Dezember 1941 geschah. Präsident Franklin D. Roosevelt stand vor dem Kongress und ersuchte um die formelle Kriegserklärung gegen Japan und die Achsenmächte Deutschland und Italien.

---

[25] Charles C. Ryrie, *Come Quickly, Lord Jesus* (Eugene, OR: Harvest House Publishers, 1996), S. 137-138

Aber wissen Sie auch, was am 9. Dezember 1941 geschah? Präsident Roosevelt erließ den Befehl, der alle US-Botschafter aus Japan, Deutschland und Italien zurückbeorderte. Bevor der Zorn der amerikanischen Militärmaschinerie auf diese Staaten hernieder prasselte, wollte der Präsident sichergehen, dass alle amerikanischen Bürger aus der Gefahrenzone sind. Der Zorn Amerikas galt seinen Feinden und nicht den eigenen Leuten.

Ähnlich ist es bei Gott. Bevor der Allmächtige am Anfang der Trübsal der gottlosen Welt den Krieg erklärt und seinen ungemilderten Zorn entfesselt, ruft er seine Botschafter nach Hause.

Wer sind seine Botschafter? Die Menschen, die ihr Vertrauen auf Jesus gesetzt haben, jedes Glied der Gemeinde Christi. „So sind wir nun Gesandte (Botschafter) an Christi Statt" (2Kor 5,20).

Gottes Zorn gilt nicht den Bürgern seines himmlischen Königreichs. Auch nicht seinen Kindern. Stellen Sie sicher, dass Sie zu seinem Botschafterstab gehören, bevor es zu spät ist.

KAPITEL 9
DER ZEITABSTAND ZWISCHEN ENTRÜCKUNG UND ZWEITEM KOMMEN

Ein weiteres wichtiges Argument für die Vorentrückung ist der Zeitabstand zwischen Entrückung und Zweitem Kommen.

Warum muss ein solcher Zeitabstand vorhanden sein? Warum ist das so wichtig? Weil dieser Zeitabstand wie ein fehlendes Puzzlestück ist, das den in der Bibel beschriebenen Ereignissen der Endzeit einen logischen Ablauf ermöglicht.

Diese Endzeitereignisse lassen sich wunderbar in zeitlichen Einklang bringen, wenn man nach der Entrückung noch einmal sieben Jahre rechnet. Die anderen Auslegungen – insbesondere die Lehre der Entrückung am Ende der Trübsal – müssen Szenarien entwickeln, die in sich unrealistisch sind und keinen normalen Zeitfluss mehr erlauben. [26]

Ich nenne Ihnen jetzt drei Endzeitereignisse, die einen Zeitabstand zwischen der Entrückung und dem Zweiten Kommen Christi notwendig machen:

Der Richterstuhl Christi

Im Neuen Testament wird klar gesagt, dass alle Gläubigen des Gemeindezeitalters vor dem Richterstuhl Christi erscheinen müssen. Dieses Gericht wird oft als „Bema-Gericht" bezeichnet, von dem griechischen Ausdruck *bema*, der sich auf eine erhöhte Plattform oder Stufe bezieht, die bei den griechischen Spielen als Siegertreppchen diente, bei Gericht aber als Erhöhung für den Richter.

---

[26] Natürlich sehen die Lehre der Entrückung inmitten der Trübsalszeit und die Lehre der Entrückung vor dem Zorn auch einen Zeitabstand zwischen Entrückung und dem zweiten Kommen vor. Bei ersterem sind es dreieinhalb Jahre und bei letzterem ungefähr eineinhalb Jahre. Aber der Zeitabstand von mindestens sieben Jahren scheint die plausiblere Lösung zu sein.

In 2. Korinther 5,10 steht: „Denn wir müssen alle vor dem Richterstuhl Christi offenbar werden, damit jeder empfange, was er durch den Leib vollbracht, dementsprechend, was er getan hat, es sei Gutes oder Böses."

Vor diesem Gericht werden nur Gläubige erscheinen. Der Zusammenhang von 2. Korinther 5,10 zeigt deutlich, dass sich „wir" auf Paulus und andere Gläubige bezieht. Jeder vor dem Richterstuhl Christi ist ein Kind Gottes. Nicht-Gläubige werden vor einem anderen Gericht erscheinen müssen – dem großen weißen Thron, der in Offenbarung 20,11-15 beschrieben wird. Jeder, der vor dem großen weißen Thron steht, wird verdammt werden.

Vor dem Richterstuhl Christi geht es jedoch nicht darum, ob man in den Himmel kommt oder nicht. Den Passierschein haben wir in dem Augenblick bekommen, als wir Jesus Christus als unseren Erlöser angenommen haben. Es ist überhaupt keine Frage, dass alle, die Jesus gehören, niemals für ihre Sünden zur Rechenschaft gezogen werden (vgl. Joh 5,24). „Also gibt es jetzt keine Verdammnis für die, die in Christus Jesus sind" (Röm 8,1).

Es gibt zwei Gründe, weshalb die Gläubigen vor dem Richterstuhl Christi erscheinen müssen: zum Rückblick halten und um belohnt zu werden. Der Herr wird unser Verhalten bewerten (vgl. Röm 14,10-12), unseren Dienst (vgl. 1Kor 3,13), unsere Worte (vgl. Mt 12,36), Gedanken, Motive (vgl. 1Kor 4,5) – nachdem wir Christ geworden sind. Basierend auf diesem Rückblick werden wir von unserem gnädigen Herrn unseren Lohn empfangen.

Offensichtlich findet dieses Gericht im Himmel statt. Wir alle werden vor den Herrn treten.

Das Bema-Gericht findet anscheinend direkt nach der Entrückung statt. In 1. Korinther 4,5 steht: „So verurteilt nichts vor der Zeit, bis der Herr kommt, der auch das Verborgene der Finsternis ans Licht bringen und die Absichten der Herzen offenbaren wird! Und dann wird jedem sein Lob werden von Gott." Dieser Vers besagt, dass wir unseren Lohn direkt nach dem Kommen des Herrn erhalten werden.

Ich finde es interessant, dass die Schrift nichts über den Richterstuhl Christi im Zusammenhang mit seinem Zweiten Kommen auf die Erde erwähnt – und dabei ist die Beschreibung des Zweiten Kommens recht detailliert. Abgesehen davon würde eine solche Beurteilung auch ihre Zeit brauchen. Der siebenjährige Zeitabstand zwischen der Entrückung und dem Zweiten Kommen würde dies erlauben.

In Offenbarung 19,7-10 wird die Gemeinde als in feine Leinwand gekleidete Braut beschrieben, die auf Christus, ihren Bräutigam, wartet. Ihre wunderschönen Kleider sind ein Bild für „die gerechten Taten der Heiligen" (V. 8). Mit dieser Kleidung ist die Braut bereit, mit ihrem Bräutigam beim Zweiten Kommen Christi auf die Erde zurückzukehren (vgl. Offb 19,11-18). Daraus kann man schließen, dass die Gemeinde schon *im Himmel war und bereit war* (weil sie vor der Trübsalszeit entrückt wurde), und wegen der in Offenbarung 19 beschriebenen Vorbereitungen. Dies zeigt, dass ein Zeitabstand nötig ist – die Lehre der Vorentrückung sieht ihn vor.

Leben im Tausendjährigen Reich

Die Präsenz von Gläubigen in sterblichen Körpern während der tausendjährigen Herrschaft Christi auf der Erde ist ein weiteres Ereignis oder eine Situation, die einen zeitlichen Abstand zwischen Entrückung und Zweitem Kommen erfordert.

Die Bibel lehrt, dass Christus bei seiner Rückkehr sein Königreich errichten wird. Dieses Reich wird zehn Jahrhunderte Bestand haben (vgl. Offb 20,1-6). Die alttestamentlichen Gläubigen, die Gläubigen des Gemeindezeitalters und die Gläubigen, die während der Trübsalszeit gestorben sind, werden alle in verherrlichten Leibern in das Tausendjährige Reich eingehen. Gläubige, die während der Trübsal zum Glauben gekommen sind und diese Phase überlebt haben, werden in ihren menschlichen Körpern in das Königreich Gottes auf Erden eingehen. Sie werden normalen Beschäftigungen nachgehen wie Landarbeit und Häuserbau. Sie werden Kinder bekommen und das messianische Königreich bevölkern (Jes 65,20-25).

Hierin liegt das Problem: Wenn alle Gläubigen beim Zweiten Kommen Christi, also am Ende der Trübsal entrückt würden, dann würde es keine Gläubigen in menschlichen Körpern im Tausendjährigen Reich geben. Warum? Weil dann ja alle Gläubigen einen verherrlichten Leib bekämen. Es gäbe niemanden mehr, der in seinem menschlichen Körper das Königreich bevölkern würde.

Weil aber die Vorentrückung zwischen der Hinwegnahme der Gemeinde und der Rückkehr Christi mindestens sieben Jahre vorsieht, haben wir kein Problem mehr. Warum? Weil Millionen von Menschen während dieses Zeitabstandes errettet werden und die Schriftaussagen erfüllen werden, dass Menschen in normalen, sterblichen Körpern im Millenium leben werden.

Böcke und Schafe

In Matthäus 25,31-46 wird das ernüchternde Bild des Gerichts beschrieben, bei dem die Heidenvölker der Erde direkt im Anschluss an das Zweite Kommen Christi bestraft werden, wenn der Herr nämlich seinen Thron auf der Erde errichtet. Die Menschen, die dieses Gericht erleben, sind diejenigen, die die Trübsalszeit überlebt haben, aber Jesus Christus nicht als ihren Herrn angenommen haben. Jesus selbst beschreibt dieses Bild:

> *Wenn aber der Sohn des Menschen kommen wird in seiner Herrlichkeit und alle Engel mit ihm, dann wird er auf seinem Thron der Herrlichkeit sitzen; und vor ihm werden versammelt werden alle Nationen, und er wird sie voneinander scheiden, wie der Hirte die Schafe von den Böcken scheidet. Und er wird die Schafe zu seiner Rechten stellen, die Böcke aber zur Linken (25,31-33).*

Mein Freund Tim LaHaye sagt, dass er durch diesen Vers weiß, dass Gott politisch konservativ ausgerichtet ist – denn die Schafe stehen zu seiner Rechten.

Scherz beiseite, bei diesem großen Gericht wird Gott die Überlebenden in zwei Kategorien aufteilen: die Schafe (Gläubige) und Böcke (Ungläubige). Das zeigt, dass beim Zweiten Kommen Jesu sowohl Christen als auch Nicht-Christen auf der Erde sein werden.

Warum ist das wichtig?

Denken Sie einmal nach. Wenn die Entrückung zusammen mit dem Zweiten Kommen stattfindet – wie die Lehre der Entrückung am Ende der Trübsal besagt – würden alle noch lebenden Gläubigen in den Himmel entrückt werden, wo sie mit Jesus zusammentreffen und ihn zurück zur Erde geleiten würden. Aber wer sind dann die Schafe auf der Erde, auf die Jesus bei seiner Rückkehr trifft? Alle auf der Erde lebenden Menschen müssten dann doch Böcke sein.

Es gäbe keine Schafe mehr auf der Erde. Sie wären ja gerade erst entrückt worden.

Mit anderen Worten, wie kann man Gläubige und Nicht-Gläubige, die noch immer in ihren menschlichen Leibern sind, voneinander bei einem Gericht im unmittelbaren Anschluss an das Zweite Kommen trennen, wenn doch alle Gläubigen beim Zweiten Kommen entrückt worden sind?

Jesus müsste doch gar nicht die Schafe von den Böcken trennen, wenn er auf die Erde kommt, weil diese Trennung schon durch die Entrückung stattgefunden hätte. Andererseits, wenn die Entrückung *vor* der Trübsal erfolgt, wären diese sieben folgenden Jahre lang genug, damit viele Menschen sich zu Gott bekehren könnten. Diese Gläubigen aus der Trübsalszeit wären die „Schafe" von Matthäus 25,31-46 bei Jesu Rückkehr.

Ich möchte noch einmal betonen, dieses Problem wird von der Lehre der Entrückung vor der Trübsal gelöst, da man hier ein Zeitfenster von sieben Jahren hat.

Eine Entrückung am Ende der Trübsalszeit ist sinnlos

Es gibt einen letzten Aspekt, den ich im Zusammenhang mit der Notwendigkeit eines Zeitabstands zwischen Entrückung und Zweitem Kommen erläutern möchte: Die Anhänger der Lehre der Entrückung am Ende der Trübsalszeit behaupten, dass die Entrückung und das Zweite Kommen zusammen geschehen. Die Gläubigen werden hinweg gehoben, um den Herrn in der Luft zu treffen, wenn er aus dem Himmel kommt, um die Erde zu richten. Sie kehren unmittelbar wieder mit ihm zur Erde zurück.

Aber dies wirft eine weitere Frage auf, die man in dieser Diskussion oft übersieht: Wenn Gott die Gemeinde durch die Trübsal hindurch auf wundersame Weise bewahrt, warum gibt es dann überhaupt eine Entrückung? Warum das Ganze? Das ist doch unlogisch. Die Situation, in der wir uns dann befinden, verlangt doch gar nicht nach einer Rettung. Das alles ergibt keinen Sinn.

Aber wenn Christus vor der Trübsalszeit kommt, dann hat sein Kommen einen Sinn. Er möchte uns vor dem zukünftigen Zorn erretten.

Fazit

Von allen Sichtweisen über den Zeitpunkt der Entrückung macht die Lehre der Entrückung *vor* der Trübsal am meisten Sinn, da sie einen Zeitabstand vorsieht und so die zukünftigen biblischen Ereignisse am besten in eine Reihenfolge bringt. Die Notwendigkeit eines Zeitabstands ist ein weiterer Beweis dafür, dass die Vorentrückung die biblische Sicht am besten wiedergibt.

KAPITEL 10
DIE HINWEGNAHME DES ZURÜCKHALTENDEN

In 2. Thessalonicher 2,3-8 werden grob drei wichtige Zeitalter beschrieben, die zwischen uns und der Ewigkeit liegen:

Das gegenwärtige Zeitalter (vor der Entrückung)	Das Zeitalter des Zurückhaltens
Die Trübsalszeit (nach der Entrückung)	Das Zeitalter der Rebellion
Das messianische Zeitalter (nach dem Zweiten Kommen)	Das Zeitalter der Offenbarung

> *Dass niemand euch auf irgendeine Weise verführe! Denn dieser Tag kommt nicht, es sei denn, dass zuerst der Abfall gekommen und der Mensch der Gesetzlosigkeit offenbart worden ist, der Sohn des Verderbens; der sich widersetzt und sich überhebt über alles, was Gott heißt oder Gegenstand der Verehrung ist, so dass er sich in den Tempel Gottes setzt und sich ausweist, dass er Gott sei. Erinnert ihr euch nicht, dass ich dies zu euch sagte, als ich noch bei euch war? Und jetzt wisst ihr, was zurückhält, damit er zu seiner Zeit offenbart wird. Denn schon ist das Geheimnis der Gesetzlosigkeit wirksam; nur offenbart es sich nicht, bis der, welcher jetzt zurückhält, aus dem Weg ist; und dann wird der Gesetzlose offenbart werden, den der Herr Jesus beseitigen wird durch den Hauch seines Mundes und vernichten durch die Erscheinung seiner Ankunft.*

Man muss sich zwar wundern, aber unser aktuelles Zeitalter wird als die Zeit des Zurückhaltens beschrieben. Es gibt jemanden oder etwas, das oder der den Antichristen davon abhält oder daran hindert, seine Bosheit vollends auszuleben. Stellen Sie sich das mal vor. Wenn schon diese böse und grausame Zeit, in der wir heute leben, als das Zeitalter des Zurückhaltens beschrieben wird, wie in aller Welt soll es dann zugehen, wenn nichts und niemand mehr den Antichristen zurückhält? Wie wird es in unserer Welt aussehen, wenn der Antichrist und seine Boshaftigkeit nicht mehr in Schranken gehalten wird? Das ist, als ob man die Mauer eines Staudammes sprengt – das Böse wird unsere Welt mit Gewalt überfluten und alles, was sich ihm in den Weg stellt, mitreißen.

Wer ist der, der zurückhält?

Die Schlüsselfrage dieses Bibelabschnitts lautet: Wer oder was hat bisher das Erscheinen des Antichristen verhindert? Im Laufe der Jahrhunderte wurden schon viele Kandidaten dafür genannt:

1. Das Römische Reich
2. Der jüdische Staat
3. Der Apostel Paulus
4. Die Verkündigung des Evangeliums
5. Eine menschliche Regierung
6. Satan
7. Elia
8. Ein unbekanntes himmlisches Wesen
9. Der Erzengel Michael
10. Der Heilige Geist
11. Die Gemeinde

Der Kirchenvater Augustinus gab offen zu, dass er diese Frage nicht zu beantworten vermochte: „Ich gebe zu, ich weiß nicht, was „der, welcher zurückhält, bedeutet." Ich kann Augustinus gut verstehen, aber ich denke, dass es doch einige Hinweise gibt, die uns helfen werden, dieses „Etwas" zu identifizieren.

1. Das griechische Wort *katecho* („was zurückhält", „der ihn noch aufhält"; 2Thess 2,6-7) bedeutet „zurückhalten", „aufhalten".
2. Das, was zurückhält, ist Maskulinum Neutrum.
   Neutrum: „Was zurückhält" (ein Prinzip)
   Maskulinum: „der ihn noch aufhält" (eine Person)
3. Was auch immer es ist, es muss beweglich, „hinwegnehmbar" sein.
4. Es muss mächtig genug sein, den Antichristen und den Ausbruch des Bösen in Schranken zu halten.

Es gibt nur eine zufrieden stellende Antwort auf diese Frage, wenn man sich diese vier Aspekte vor Augen hält. Fragen Sie sich doch selber: Wer ist mächtig genug, das Böse zurückzuhalten und den Antichristen in Schach zu halten? Die Antwort lautet natürlich: Gott. Präziser gesagt: Gott, der Heilige Geist, der in diesem Zeitalter in und durch Gottes Volk, seine Gemeinde, wirkt.

Kann der Heilige Geist weggenommen werden?

Bei dieser Antwortmöglichkeit wird vor allem gekontert, dass der Heilige Geist allgegenwärtig ist und nicht von der Erde weggenommen werden kann. Ich stimme dem zu.

Der Heilige Geist ist die dritte Person des dreieinigen Gottes. Er ist allgegenwärtig und kann nicht von der Erde weggenommen werden. Darüber hinaus kommen während der Trübsalszeit Millionen von Menschen zum Glauben (vgl. Offb 7,9-14). Der Heilige Geist muss auch während dieser Periode auf der Erde sein, um Sünder zu überführen, ihnen die Notwendigkeit der Errettung vor Augen zu führen und um ihnen zu helfen, an Jesus Christus zu glauben – genau wie heute. Der Dienst des Heiligen Geistes besteht im Überführen, Ziehen und in der Erneuerung. Jeder, der errettet werden will, braucht die Hilfe des Heiligen Geistes, heute wie auch in der Trübsalszeit (vgl. Joh 3,5; 16,7-11; 1Kor 12,3).

Ich glaube, dass die in 2. Thessalonicher 2,6-7 erwähnte Person weder *nur* der Heilige Geist, noch *nur* die Gemeinde ist. Was den vollen Angriff Satans bis jetzt zurückhält, ist der Einfluss Gottes durch den Heiligen Geist, der das Böse im Moment durch die Gegenwart der Gemeinde zurückhält.

In Apostelgeschichte 2 kam der Heilige Geist in einer Funktion auf die Erde, die er bis dato noch nicht ausübte. Natürlich war er auch schon vor dem Gemeindezeitalter auf der Erde gegenwärtig. Laut 1. Mose 1,2 war der Heilige Geist schon bei der Erschaffung der Erde zugegen. Auch während des Alten Testaments überführte er Sünder und bevollmächtigte ganz bestimmte, von Gott ausgewählte Menschen. Aber an Pfingsten kam er mit einer neuen Mission auf die Erde: um in jedem einzelnen Gläubigen und in der Gemeinde als Ganzes zu wohnen. Und die Gegenwart des Heiligen Geistes in jedem einzelnen und gleichzeitig in allen wiedergeborenen Menschen ist der Einfluss, den Gott in diesem Zeitalter benutzt, um Satan einzuschränken. Diese Schranken werden so lange bestehen, wie die Gemeinde auf der Erde verweilt.

Die Rückkehr des Heiligen Geistes in den Himmel wird nicht heißen, dass er sich komplett von der Erde zurückzieht; es ist nur eine Rückkehr in dem Sinn, dass das Zeitalter der Gemeinde beendet ist.

Der Geist und die Gemeinde.

Es gibt vier Hauptgründe, warum meiner Meinung nach die in 2. Thessalonicher 2,6-7 genannte Person, der Heilige Geist ist, der das Böse durch seine Gegenwart in der Gemeinde zurückhält.

1. Wer Satan zurückhalten kann, muss allmächtig sein.
2. Dies ist die einzige Erklärung für den Wechsel im grammatischen Geschlecht in 2. Thessalonicher 2,6-7. Im Griechischen steht das Wort *pneuma* (Geist) im Neutrum. Aber der Heilige Geist wird auch immer durchgehend durch das maskuline Pronomen *er* beschrieben, besonders in Johannes 14 – 16.
3. In der Schrift wird der Heilige Geist als die Kraft beschrieben, welche die Sünde und das Böse in der Welt (vgl. 1Mo 6,3) und in den Gläubigen (vgl. Gal 5,16-17) zurückhält.
4. Die Gemeinde und ihr Auftrag, das Evangelium zu verkünden und widerzuspiegeln, ist das wichtigste Instrument, das der Heilige Geist in diesem Zeitalter gebraucht, um den Bösen zurückzuhalten. Wir sind das Salz der Erde und das Licht der Welt (vgl. Mt 5,13-16). Wir sind der Tempel des Heiligen Geistes, sowohl einzeln als auch gemeinsam (vgl. 1Kor 3,17; 6,19; Eph 2,21-22).

Das, was zurückhält, sind also der Einfluss und der Dienst des Heiligen Geistes, der in diesem Zeitalter in den Gläubigen wohnt und an ihnen wirkt. Wenn also der Heilige Geist weggenommen wird, muss die Gemeinde auch weggenommen werden.

Der bekannte Bibellehrer und Ausleger Donald Grey Barnhouse fasst zusammen:

> Nun, was hindert den Antichristen also daran, auf der Bühne der Welt in die Öffentlichkeit zu treten? *Sie!* Sie und die

anderen Glieder des Leibes Christi auf der Erde. Die Gegenwart der Gemeinde Jesu Christi ist das, was den Gesetzlosen zurückhält. Tatsächlich ist der Heilige Geist derjenige, der zurückhält. Aber sowohl 1. Korinther 3,16 als auch 6,19 lehren, dass der Heilige Geist in den Gläubigen wohnt. Der Leib eines Christen ist der Tempel des Geistes Gottes. Wenn man also alle Gläubigen und den innewohnenden Geist zusammenrechnet, hat man eine sehr große zurückhaltende Kraft und Macht.

Sobald die Gemeinde bei der Entrückung hinweg genommen wird, geht der Heilige Geist insofern mit, dass die Kraft, die Satan bisher zurückhielt, sich zurückzieht. Sein Dienst in diesem jetzigen Zeitalter der Gnade ist beendet. Von da an, nämlich während der großen Trübsal, wird der Heilige Geist noch immer auf der Erde sein – denn wie könnte man Gott so einfach ausschließen – aber er wird nicht in den Gläubigen wohnen, so wie er es jetzt tut. Vielmehr wird er wie im Alten Testament „auf" manche Leute kommen.[27]

Bei der Entrückung wird die Gemeinde mit dem in ihr wohnenden Geist von der Erde genommen und damit auch die Macht, die Satan bis dahin zurückgehalten hat. Satan wird seinen Plan ausführen, indem er seinen Lakaien auf die Weltbühne schickt und die Kontrolle übernimmt.

Die Hinwegnahme dessen, was zurückhält, ist ein weiteres wichtiges Argument für die Lehre der Entrückung vor der Trübsal.

---

27 Donald Grey Barnhouse, *Thessalonians: An Expositional Commentary* (Grand Rapids: Zondervan Publishing House, 1977), S. 99-100

KAPITEL 11
UNMITTELBARKEIT: DIE ENTRÜCKUNG IST JEDERZEIT MÖGLICH

Die Leute fragen mich oft, warum ich an die Vorentrückung glaube. Wie Sie schon gelesen haben, gibt es viele Gründe, warum ich glaube, dass diese Auslegung die neutestamentlichen Aussagen am besten widerspiegelt. Aber meiner Meinung nach ist die beste und wahrscheinlich einfachste Begründung folgende: die Unmittelbarkeit.

Was meinen wir mit dem Wort *Unmittelbarkeit*? Wie lautet die biblische Definition dieses Lehrpunktes?

In der deutschen Sprache würden wir *Unmittelbarkeit* mit Wörtern wie „bald", „nah" umschreiben. Aber in der Theologie benutzt man diesen Ausdruck noch etwas anders.

Wenn Anhänger der Vorentrückung dieses Wort benutzen, verbinden sie damit drei Aspekte. Zunächst bedeutet Unmittelbarkeit, jedenfalls aus menschlicher Sicht, dass die Entrückung jederzeit stattfinden kann. Andere Ereignisse könnten noch vor der Entrückung stattfinden, aber kein Ereignis ist mehr zwingend notwendig. Denn wenn erst noch ein bestimmtes Ereignis eintreffen müsste, könnte man ja nicht mehr davon sprechen, dass die Entrückung jederzeit stattfinden könnte. Sie wäre nicht unmittelbar.[28] Ein unmittelbar bevorstehendes Ereignis ist laut Charles Ryrie eins, „das nahe ist, das seinen Schatten schon voraus wirft. Ein unmittelbar bevorstehendes Ereignis ist eins, das jederzeit stattfinden könnte."[29]

Zweitens bedeutet Unmittelbarkeit, dass die Entrückung ohne Vorwarnung passieren wird. Da der Ruf des Herrn, mit dem er seine Kinder zu sich in die Wolken ruft, jederzeit erfolgen könnte, muss man auch jederzeit bereit sein. Es wird keine Vorwarnung oder Vorzeichen geben. Wenn es erst noch bestimmte Vorzeichen geben müsste, könnte die Entrückung nicht jederzeit stattfinden. Die im Neuen Testament beschriebenen Zeichen für das Kommen Christi,

---

28 Thomas Ice, „Imminency and the Any Moment Rapture", *Pre-Trib Perspectives* (10/1999): S. 3
29 Ebd., S. 22

wie in Matthäus 24, kündigen das Zweite Kommen Christi, aber nicht die Entrückung an.

Drittens bedeutet Unmittelbarkeit, dass die Entrückung auf jeden Fall stattfinden wird, aber nicht notwendigerweise sofort. Der Prophetie-Experte Renald Showers betont diesen Aspekt:

> „Man kann nicht behaupten, dass ein unmittelbar bevorstehendes Ereignis bald geschehen wird. Der Ausdruck „bald" suggeriert, dass ein Ereignis „in kurzer Zeit" stattfinden muss (nach einem bestimmten oder speziellen Zeitpunkt, der genannt oder vorausgesetzt ist). Im Gegensatz dazu kann ein unmittelbar bevorstehendes Ereignis in kürzester Zeit geschehen, muss es aber nicht. Ich hoffe, Sie verstehen jetzt, dass „unmittelbar" nicht das gleiche wie „bald" ist."[30]

Unmittelbarkeit verbindet demnach zwei wichtige Aspekte: Gewissheit und Ungewissheit. Ein unmittelbares Ereignis wird sicherlich stattfinden, aber der genaue Zeitpunkt ist ungewiss.[31] Aus diesem Grund sollten die Anhänger der Vorentrückung vermeiden, „Jesus kommt bald!" zu sagen, oder auch „Die Entrückung wird bald stattfinden". Sie kann bald stattfinden, vielleicht aber auch nicht. Wir können es einfach nicht mit Gewissheit sagen.

Stattdessen sollten wir lieber sagen: „Aus menschlicher Sicht kann die Entrückung jederzeit stattfinden – sie könnte heute stattfinden." Ich meine, dies würde die biblische Lehre der Unmittelbarkeit besser widerspiegeln.

Unmittelbarkeit im Neuen Testament

Vielleicht stellen Sie sich an dieser Stelle folgende Frage: „Lehrt die Bibel wirklich die Unmittelbarkeit? Wo steht das denn in der Bibel?" Wir wollen uns einige Schlüsselstellen anschauen, in denen diese Wahrheit gelehrt wird:

---

30   Renald Showers, *Maranatha Our Lord Come! A Definitive Study of the Rapture of the Church* (Bellmawr, NJ: The Friends of Israel Gospel Ministry, Inc., 1995), S. 127-128
31   Ebd., S. 127

1. Korinther 1,7: „ ... während ihr das Offenbarwerden unseres Herrn Jesus Christus erwartet."

1. Korinther 16,22: „Maranatha!"

Philipper 3,20: „Denn unser Bürgerrecht ist in den Himmeln, von woher wir auch den Herrn Jesus Christus als Retter erwarten."

Philipper 4,5: „Der Herr ist nahe."

1. Thessalonicher 1,10: „ ... und seinen Sohn aus den Himmeln zu erwarten ..."

Titus 2,13: „ ... indem wir die glückselige Hoffnung und Erscheinung der Herrlichkeit unseres großen Gottes und Retters Jesus Christus erwarten."

Hebräer 9,28: „So wird auch der Christus ... zum zweiten Male ohne Beziehung zur Sünde denen zum Heil erscheinen, die ihn erwarten."

Jakobus 5,7-9: „Habt nun Geduld, Brüder, bis zur Ankunft des Herrn! Siehe, der Bauer wartet auf die köstliche Frucht der Erde und hat Geduld ihretwegen, bis sie den Früh- und Spätregen empfange. Habt auch ihr Geduld, stärkt eure Herzen! Denn die Ankunft des Herrn ist nahe gekommen. Seufzt nicht gegeneinander, Brüder, damit ihr nicht gerichtet werdet! Siehe, der Richter steht vor der Tür."

1. Petrus 1,13: „ ... hofft völlig auf die Gnade, die euch gebracht wird in der Offenbarung Jesu Christi!"

Judas 1,21: „Indem ihr die Barmherzigkeit unseres Herrn Jesus Christus erwartet zum ewigen Leben."

Offenbarung 3,11, 22,7.12.20: „Ich komme bald."

Offenbarung 22,17.20: „Und der Geist und die Braut sagen: Komm! Und wer es hört, spreche: Komm! ... Der diese Dinge bezeugt, spricht: Ja, ich komme bald. Amen; komm, Herr Jesus!"

Alle diese Schriftstellen beziehen sich auf die Entrückung und behandeln sie so, als ob sie jederzeit stattfinden könnte. Wir dürfen uns darauf freuen, denn wir erwarten eine Person – den Herrn Jesus Christus – und nicht ein Zeichen oder ein bloßes Ereignis. Wir erwarten „seinen Sohn aus den Himmeln" (1 Thess 1,10).

Jesus Christus könnte HEUTE kommen!

Einer meiner Freunde sagte einmal, er glaube so fest an die Vorentrückung, dass er beim Mittagessen immer zuerst seinen Nachtisch isst. Das nenne ich eine praktische Anwendung von Theologie.

Ich glaube, dass mein Freund im Grunde genommen Recht hat. Warum? Weil nur die Lehre der Vorentrückung von einem unmittelbaren, jederzeit möglichen, vorzeichenlosen Kommen des Herrn ausgeht. Nur diejenigen, die an die Vorentrückung glauben, können ehrlich sagen: „Der Herr Jesus könnte HEUTE kommen." Da die Trübsalszeit noch nicht angebrochen ist, müssen die Anhänger der Entrückung inmitten der Trübsal davon ausgehen, dass die Rückkehr Christi noch mindestens dreieinhalb Jahre entfernt ist, die Anhänger der Entrückung vor dem Zorn müssen noch mindestens fünfeinhalb Jahre warten, und die Anhänger der Entrückung am Ende der Trübsal müssen noch mindestens sieben Jahre ausharren.

Die neutestamentliche Wahrheit, dass Christus jederzeit zurückkommen kann, erfüllt uns mit Hoffnung, froher Erwartung und motiviert uns, so zu leben, wie es dem Herrn gefällt. Die Gläubigen sollten nicht dieser Hoffnung beraubt werden – die Hoffnung, dass Jesus heute kommen könnte – jeder Tag könnte der letzte sein! Nur die Lehre der Vorentrückung schenkt diese gesegnete Hoffnung (vgl. Tit 2,13).

Einer meiner Kollegen erzählte mir neulich eine Anekdote von dem großen Bibellehrer Donald Grey Barnhouse. Er sagte, Dr. Barnhouse hätte das alte Lied „Is It the Crowning Day?" von Herzen gern gesungen:

> *Jesus könnte heute wiederkommen, welch freudiger Tag!*
> *Jesus may come today, Glad day! Glad day!*
> *Und ich würde meinen Freund sehen;*
> *And I would see my friend;*
> *Gefahren und Nöte hätten ein Ende*
> *Dangers and troubles would end*
> *Wenn Jesus heute wiederkäme*
> *If Jesus should come today.*
> *Welch freudiger Tag! Ist es der Krönungstag?*
> *Glad day! Glad day! It is the crowning day?*

Ich werde für heute leben und mir keine Sorgen machen
I'll live for today, nor anxious be,
Jesus, meinen Herrn, werde ich bald sehen;
Jesus, my Lord, I soon shall see;
Welch freudiger Tag! Ist es der Krönungstag?
Glad day! Glad day! Is it the crowning day?

Dr. Barnhouse betonte immer gern, dass eigentlich nur die Anhänger der Lehre der Vorentrückung dieses Lied singen dürften. Die anderen müssten eigentlich Folgendes singen:

Heute kann Jesus nicht wiederkommen, welch freudloser Tag!
Jesus can't come today, Sad day! Sad day!
Und ich werde meinen Freund nicht sehen;
And I won't see my friend;
Gefahren und Nöte finden kein Ende
Dangers and troubles won't end
Weil Jesus heute nicht wiederkommen kann.
Because Jesus can't come today.
Welch freudloser Tag! Heute ist nicht der Krönungstag?
Sad day! Sad day! Today is not the crowning day?
Für heute kann ich nicht leben, ich werde voller Sorge sein,
I won't live for today, and anxious I'll be,
Das Tier und den falschen Propheten werde ich bald sehen,
The Beast and the False Prophet I soon shall see,
Welch freudloser Tag! Heute ist nicht der Krönungstag?
Sad day! Sad day! Today is not the crowning day?

Wir schmunzeln wahrscheinlich über diese Parodie, aber sie hat einen sehr wahren Kern. Die Position der Vorentrückung ist die einzige, die ehrlich hofft, dass Jesus Christus heute wiederkommt.

Ein einfacher Test

Vor einigen Jahren fragte ich den heute nicht mehr lebenden Dr. John Walvoord, ob er mir sagen könnte, wie man jemandem die Wahrheit der Vorentrückung am einfachsten und verständlichsten beweisen könnte. Er antwortete ohne zu zögern: „Alles, was du tun musst", erklärte er mir, „ist der Person zwei Fragen zu stellen. Erstens: ‚Glauben Sie, dass Jesus wiederkommt, um seine Kinder in den Himmel zu entrücken?' Wenn die Person ‚Ja' sagt, dann stelle noch eine weitere Frage: ‚Glauben Sie, dass die Entrückung jederzeit stattfinden könnte? Dass Jesus heute wiederkommen könnte?' Wenn die Person wieder mit ‚Ja' antwortet, dann sagen sie ihr: „Sie glauben an die Vorentrückung!"

Er hatte absolut Recht.

Wissen Sie, nur wer an die Vorentrückung glaubt, kann jeden Morgen aufstehen, in den Himmel schauen und flüstern: „Vielleicht heute, Herr, ... vielleicht heute!"

Maranatha!

Die frühe Gemeinde benutzte ein besonderes Losungswort, ein Passwort, mit dem sie einander zu erkennen gaben. Außerdem war es auch ein freudiger Gruß, wenn sich die Familie Gottes traf. Im Neuen Testament finden wir dieses Wort nur einmal: *Maranatha* (vgl. 1Kor 16,22). Es ist aramäisch. Die Griechisch sprechenden Heiden verstanden es nicht. Es setzt sich aus drei aramäischen Worten zusammen: *Mar* (Herr), *ana* (unser) und *tha* (komm). Irgendwie ist es ein Gebet, das nur aus einem Wort besteht: „Unser Herr, komm."

Maranatha macht nur dann Sinn, wenn die Rückkehr Christi unmittelbar ist. Warum sollte man „Maranatha" („Unser Herr, komm") sagen, wenn man genau weiß, dass Christus noch zwischen dreieinhalb und sieben Jahren warten muss, wie manche Ausleger behaupten?

Ich finde es wunderbar, dass die frühe Gemeinde diesen Gruß auswählte. Er offenbart, wie sie stündlich auf die Entrückung hofften, sie sehnsüchtig erwarteten und sich darauf leidenschaftlich freuten. Zweifellos spiegelte sich diese Erwartungshaltung im Lebensstil wider, der durch persönliche Reinheit und Evangelisation geprägt war.

Denken Sie einmal nach, wie es unsere Gemeinden verändern würde, wenn wir uns wieder dieser Begrüßungsformel gegenüber unseren Brüdern und Schwestern in Christus bedienen würden. Wie würde dieses simple Losungswort unser Leben verändern, wenn es immer auf den Lippen erwartungsfreudiger Menschen liegen würde?[32]

Maranatha!

---

32   Ice, S. 4

KAPITEL 12
GESEGNETE HOFFNUNG

In der ganzen Debatte und bei aller angeregten Diskussion über den Zeitpunkt der Entrückung dürfen wir eine einfache Wahrheit niemals aus den Augen verlieren: Die neutestamentlichen Lehren über dieses herrliche Ereignis haben das konkrete Ziel, die Kinder Gottes zu segnen und zu trösten. Gott möchte, dass wir den Moment herbeisehnen, in dem die Posaune erschallt und wir unserem Herrn und unseren Lieben in der Luft begegnen dürfen. Hier sind drei der Schlüsselstellen, die den Segen und den Trost der Entrückung wiedergeben:

In Johannes 14,1-3 lesen wir, wie Jesus sagte:

> „Euer Herz werde nicht bestürzt. Ihr glaubt an Gott, glaubt auch an mich! Im Hause meines Vaters sind viele Wohnungen. Wenn es nicht so wäre, würde ich euch gesagt haben: Ich gehe hin, euch eine Stätte zu bereiten? Und wenn ich hingehe und euch eine Stätte bereite, so komme ich wieder und werde euch zu mir nehmen, damit auch ihr seid, wo ich bin."

Titus 2,13 besagt: „Indem wir die glückselige Hoffnung und Erscheinung der Herrlichkeit unseres großen Gottes und Retters Jesus Christus erwarten."

In 1. Thessalonicher 4,18 schließt Paulus – nachdem er die Entrückung beschrieben hat – mit der sanften Ermahnung: „So ermuntert nun einander mit diesen Worten!"

Ein lindernder Balsam für unsere verwundeten Seelen, so gibt die Lehre der Entrückung den Kindern Gottes Sicherheit und Trost.

Segen oder Fluch?

An diesem Punkt wollen wir kurz verharren. Wenn Paulus die Entrückung *inmitten*, *am Ende* oder *vor* dem Ausbruch des Zornes Gottes gelehrt hätte, wäre der Gedanke daran wirklich so tröstlich? Wenn Gottes Volk noch dreieinhalb Jahre, fünfeinhalb oder sogar sieben

Jahre der schlimmsten Zeit der Menschheitsgeschichte durchstehen müsste, bevor der Herr Jesus sie daraus holt ... was ist daran ermutigend?

Wenn wir die Trübsal wirklich durchstehen müssten, hätte Jesus doch statt „euer Herz werde nicht bestürzt" eigentlich sagen müssen „euer Herz werde bestürzt". Ich weiß ja nicht, wie Sie das sehen, aber wenn ich wüsste, dass ich die Trübsalszeit durchstehen müsste, würde ich ziemlich bestürzt sein, um es mal vorsichtig zu formulieren.

Beantworten Sie sich selbst diese Frage: Wie tröstlich wäre es zu wissen, dass Jesus für uns die Hölle auf Erden erst nach dreieinhalb, fünfeinhalb oder sieben Jahren beenden würde?

Stellen Sie sich das einmal vor: Sie stehen am Grab eines geliebten Menschen. Sie hören dem Geistlichen zu, der die wunderbaren Verse aus 1. Thessalonicher 4,13-17 vorliest und dann sagt: „Und nachdem wir einen Teil oder auch die ganze Trübsalszeit durchgestanden haben, wird Jesus kommen, uns in den Himmel entrücken und uns mit unseren Lieben wieder zusammenführen – ermuntert euch einander mit diesen Worten."

Mal ehrlich: Wären Sie bei dem Gedanken an die Entrückung begeistert, wenn Sie wüssten, dass Sie vorher eine Zeit auf der Erde erleben würden, in der alle neunzehn in Offenbarung 6 – 16 aufgeführten Gerichte ausgeschüttet werden, die ja den fürchterlichen Zorn eines allmächtigen Gottes darstellen? Empfinden Sie Hoffnung oder Trost, wenn Sie an eine Zeit denken, in welcher der Antichrist Sie und Ihre Familie vor die Wahl stellt, sein Siegel anzunehmen oder nichts mehr kaufen oder verkaufen zu können?

Ist es das, was der Apostel meinte, als er „*so ermuntert* einander" schrieb (Hervorhebung hinzugefügt)? Wenn ja, dann sollten wir das Wort Ermutigung vielleicht neu definieren.

Ein schneller Vergleich

Lassen Sie uns einmal einen Moment so tun, als ob die Entrückung tatsächlich erst in der Mitte oder am Ende der Trübsalszeit stattfinden würde. Ich weiß, das ist kein schöner Gedanke, aber wir wollen das Szenario einmal kurz durchspielen.

Was müsste dann eigentlich in 1. Thessalonicher 4,13-18 stehen? Und was steht tatsächlich in diesen Versen?

Erstens würde man meinen, da stünde, dass die Thessalonicher sich für jeden Angehörigen und Freund freuen sollten, der schon gestorben und somit im Himmel ist, denn diese würden den Horror der Trübsal nicht mehr miterleben müssen. Tatsächlich aber steht in diesen Versen, dass sie Angst haben, dass ihre Lieben die Entrückung verpassen würden. Nur wenn die Entrückung vor der Trübsal stattfindet, ist diese Angst begründet.

Zweitens müsste man meinen, die Thessalonicher würden sich mehr Sorgen über die ihnen bevorstehende Trübsal machen als um die Verstorbenen. Sie müssten eigentlich eher Fragen über die Details der Trübsal und über die Person des Antichristen stellen. Aber es ist offensichtlich, dass den Thessalonichern diesbezüglich keine Fragen auf den Herzen brannten und dass sie auch keine Angst vor den Tagen des Zorns und vor dem Antichristen hatten. Warum? Sie erwarteten Christus und nicht den Antichristen.

Drittens würde man erwarten, dass Paulus ihnen die Augen dafür öffnet, dass ihr Kummer um die Verstorbenen angesichts der ihnen bevorstehenden Drangsal nicht angebracht ist. Aber Paulus erwähnt so etwas noch nicht einmal ansatzweise.

Was wir in 1. Thessalonicher 4 lesen, passt zur Lehre der Entrückung vor der Trübsal wie der Deckel auf den Topf, lässt sich aber mit der Lehre der Entrückung inmitten oder am Ende der Trübsal überhaupt nicht erklären.[33]

Die segensreiche Hoffnung der Entrückung besteht darin, dass Jesus kommt und uns mit sich nimmt, damit wir für immer bei ihm bleiben dürfen, und zwar bevor die Zeit der weltweiten Zerstörung anfängt. Das nenne ich Ermutigung und Segen!

---

[33] Mayhue, S. 218-219

DRITTER TEIL
FRAGEN ZUR ENTRÜCKUNG

Der Gedanke an eine Entrückung, die buchstäblich jede Sekunde stattfinden könnte, wirft bei den Menschen viele Fragen auf. So wie ich zunächst die Entrückung selbst und ihren Zeitpunkt erläutert habe, möchte ich jetzt versuchen, die üblicherweise auftretenden Fragen zu beantworten.

Ich bin mir aber sicher, dass noch einige Fragen offen bleiben, das ist meistens so. Und obwohl ich ganz bestimmt nicht von mir behaupte, alle Antworten zu diesem Thema – oder zu der ganzen biblischen Prophetie – parat zu haben, möchte ich doch mein Bestes geben, einige der an Ihnen nagenden Fragen zu beantworten, die Ihnen eingefallen sind, als sie die ersten zwölf Kapitel dieses Buches gelesen haben.

Jeder der nächsten zehn Abschnitte wird eine grundlegende Frage behandeln, die Menschen wie Sie und ich immer wieder zum Thema Vorentrückung stellen.

KAPITEL 13
ZEHN HÄUFIG GESTELLTE FRAGEN BEZÜGLICH DER ENTRÜCKUNG

Frage Nr. 1: Ist die Lehre der Entrückung vor der Trübsal eine neuere Erkenntnis?

Einer der am meisten erbrachten Gegenbeweise einer Vorentrückung lautet, dass diese Lehre nicht stimmen könne, denn sie sei erst um das Jahr 1830 durch den Dienst und die Auslegung eines irischen Predigers der Brüderbewegung namens J. N. Darby entstanden.

Dieses Argument habe ich schon unzählige Male gehört und gelesen. Es ist die Standardfloskel gegen die Vorentrückungslehre. Aber in den letzten Jahren wurde dieses Argument durch einige neue Erkenntnisse ein für alle Mal entkräftet.

Eine sorgfältige Betrachtung der Kirchengeschichte zeigt eindeutig, dass die Vorentrückungslehre einige sehr überzeugende historische Präzedenzen vorweisen kann. Sie wurde *nicht* von J. N. Darby um das Jahr 1830 ins Leben gerufen. Es gibt einige wichtige Vertreter der Kirchengeschichte, die schon lange vor den 1830ern die Lehre der Vorentrückung vertreten haben. Lassen wir einmal drei dieser Vertreter zu Wort kommen.

Endzeitpredigt aus der Antike

Eine klare Aussage zur Vorentrückung kann schon vier- bis siebenhundert n. Chr. gefunden werden. Eine Predigt von Pseudo-Ephraem mit dem Titel „Über die Endzeit, den Antichristen und das Ende der Welt oder eine Predigt über das Ende der Welt" beinhaltet ein Konzept, das der Vorentrückungslehre sehr ähnlich ist – und das eintausend Jahre vor den Schriften J. N. Darbys. Der Text, der als „einer der interessantesten apokalyptischen Texte des frühen Mittelalters"[34] bezeichnet wird, ist knapp 1.500 Wörter lang.

---

[34] Paul J. Alexander, *The Byzantine Apocalyptic Tradition* (Berkeley: University of California Press, 1985), S. 136

In Bezug auf den Zeitpunkt der Entrückung lesen wir da:

> Wir sollten daher gründlich zu verstehen versuchen, meine Brüder, was unmittelbar bevorsteht oder was noch aussteht ... Warum lehnen wir dann nicht jede Sorge um weltliche Bemühungen ab und bereiten uns darauf vor, den Herrn Jesus Christus zu begegnen, damit er uns aus den Wirrungen herausziehen möge, die die ganze Welt überwältigt? ... Denn alle Heiligen und Auserwählten Gottes werden *vor der Trübsalszeit,* die kommen wird, zusammengebracht, damit sie zu keiner Zeit den Wirrungen zusehen müssen, die die Welt wegen unserer Sünde überwältigen wird. (Hervorhebungen hinzugefügt)

Laut den Prophetie-Experten Thomas Ice und Timothy Demy präsentiert Pseudo-Ephraem mindestens drei wichtige Aspekte, die sich auch in der modernen Vorentrückungslehre wieder finden:

(1) Es gibt zwei unterschiedliche Wiederkünfte: die Wiederkunft Christi, um die Heiligen zu entrücken, später gefolgt vom Zweiten Kommen Christi zur Erde; (2) eine begrenzte Zeitspanne zwischen den beiden Kommen, in diesem Fall dreieinhalb Jahre, und (3) die deutliche Aussage, dass Christus die Gemeinde von der Welt wegnehmen wird, bevor die Trübsal anfängt.[35]

Die Tatsache, dass Pseudo-Ephraem die Entrückung dreieinhalb Jahre vor dem Beginn der Trübsal gesehen hat, ist kein Beleg für die Lehre der Entrückung inmitten der Trübsal, denn scheinbar nahm er an, dass die ganze Trübsalszeit nur dreieinhalb Jahre dauern würde. Wir können also mit Zuversicht sagen, dass die Vorentrückungslehre keine neue Auslegung ist. Womöglich wurde sie sogar schon im Jahr 373 n. Chr. gelehrt. Die vorgebliche „Neuheit" dieser Lehre sollte nicht länger als Gegenargument angeführt werden.

Außerdem steht Pseudo-Ephraem nicht allein mit seiner Meinung da. Auch von einem anderen frühen Zeugen hören wir Ähnliches.

---

[35] Timothy J. Demy und Thomas D. Ice, „The Rapture and Pseudo-Ephraem: An Early Medieval Citation, *Bibliotheca Sacra* 152 (07-09/1995): S. 12

KAPITEL 13

Fra Dolcino

Im Jahr 1260 n. Chr. gründete ein Mann namens Gerardo Segarelli in Norditalien eine Gruppe, die sich „die Apostelbrüder" nannte. Zuvor hatte der Franziskanerorden seinen Antrag auf Mitgliedschaft abgelehnt.

Zu jener Zeit war es laut Kirchengesetz verboten, einen neuen geistlichen Orden zu gründen, deshalb wurden die Apostoliker erbarmungslos verfolgt. Im Jahr 1300 wurde Gerardo verbrannt. Ein Bruder namens Dolcino übernahm die Leitung des jungen Ordens. Unter seiner Leitung wuchs der Orden, bis Tausende dazugehörten. Endzeitliche Prophetie nahm offensichtlich eine bedeutende Stellung in der Auslegung und Lehre der Apostelbrüder ein. Fra Dolcino starb 1307; 1316 schrieb ein anonymer Notar der Diozöse von Vercelli im nördlichen Italien eine kurze Abhandlung in lateinischer Sprache, welche die Taten und den Glauben der Apostelbrüder darlegte. Diese Abhandlung nannte man *Die Geschichte von Fra Dolcino*.

In einem Absatz dieses Aufsatzes liest man Folgendes:

> Wiederum, [Dolcina glaubte und predigte und lehrte], dass innerhalb dieser drei Jahre Dolcino selber und seine Anhänger das Kommen des Antichristen predigen werden. Und dass der Antichrist innerhalb der genannten Zeitspanne von dreieinhalb Jahren in diese Welt komme; und nachdem er gekommen sei, würden *er [Dolcino] und seine Nachfolger ins Paradies hinweg genommen werden*, in dem auch Henoch und Elia sind. Auf diese Weise werden sie *von der Verfolgung des Antichristen unbehelligt bleiben*. Und dass dann Henoch und Elia selbst auf die Erde hinab kämen, um [gegen] den Antichristen zu predigen. Dann würden sie von ihm oder seinen Dienern getötet werden und somit *würde der Antichrist eine lange Zeit regieren*. Wenn aber der Antichrist tot ist, würde Dolcino selbst, der dann der heilige Papst sei, und seine Nachfolger, zur Erde zurückkommen und den rechten Glauben Christi allen predigen und diejenigen zur Bekehrung führen, die dann dem wahren Glauben Jesu Christi leben werden.[36]

---

36 Francis Gumerlock, „A Rapture Citation in the Fourteenth Century", *Bibliotheca Sacra* 159 (07-09/2002): S. 354-355

Einige Punkte dieser erstaunlichen Abhandlung haben große Ähnlichkeit mit der modernen Vorentrückungslehre.

1. Das lateinische Wort *transferrentur,* das mit „hinweg genommen werden" übersetzt wurde, ist das gleiche Wort, das von Christen zur Zeit des Mittelalters benutzt wurde, um die Entrückung Henochs in den Himmel zu umschreiben.
2. Die Menschen, die an dieser Entrückung teilhaben würden, sollten Fra Dolcino und seine Anhänger sein. Das ist keine Lehre der Teil-Entrückung, denn Bruder Dolcino sah in den Apostelbrüdern die wahre Gemeinde im Gegensatz zur Römisch-Katholischen-Kirche.
3. Das Ziel der Entrückung war der Schutz der Gläubigen vor der Verfolgung des Antichristen.
4. Der Text präsentiert die „Hinwegnahme" der Gläubigen in den Himmel und ihre „Rückkehr" auf die Erde als zwei zeitlich getrennte Ereignisse.
5. Der Text zeigt außerdem, dass es eine längere Zeitspanne zwischen der Entrückung der Gläubigen in den Himmel und ihrer Rückkehr geben muss.[37]

Francis Gumerlock, ein Experte des Fra-Dolcino-Texts, ist sich völlig sicher, dass dieser Aufsatz eine Auslegung gemäß der Vorentrückungslehre präsentiert. Er kommt zu folgendem Schluss:

> Dieser Abschnitt aus der *Geschichte Fra Dolcinos* weist darauf hin, dass man im Norditalien des frühen vierzehnten Jahrhunderts eine Auslegung betrieb, die derjenigen der modernen Vorentrückungslehre sehr nahe kommt. Angesichts der Besorgnis erregenden politischen Situation und der erschütternden Verhältnisse innerhalb der Kirche, gab sich Dolcino eingehenden eschatologischen Spekulationen hin. Er glaubte, dass das Auftreten des Antichristen unmittelbar bevorstünde. Er glaubte darüber hinaus auch, dass Gott seine Kinder vor der Verfolgung des Antichristen bewahren würde, indem er die Gläubigen hinweg nähme und zu sich ins Paradies holte.[38]

---

37 Ebd. 356-359
38 Ebd. 361

Diese beiden Zeugen aus antiker Zeit sollten ausreichen, um zu beweisen, dass die Sicht der Vorentrückung keine neue Theorie ist. Aber es gibt einen Vertreter, der uns vielleicht noch näher steht.

Ivy League

Einer der deutlichsten Verweise darauf, dass die Lehre der Entrückung vor der Trübsal schon vor J. N. Darby gelehrt wurde, stammt von einem Baptisten namens Morgan Edwards. Er ist der Gründer der Brown-Elite-Universität. Edwards glaubte an eine Entrückung dreieinhalb Jahre vor dem Tausendjährigen Reich. Die Auslegung Edwards, geschrieben in den Jahren 1744 und 1788 veröffentlicht, ist sehr bedeutungsvoll. Folgendes lehrte er zum Thema Entrückung:

> *Der Zeitabstand zwischen der ersten und der zweiten Auferstehung wird etwas mehr als tausend Jahre betragen.*
>
> Ich sage bewusst *etwas mehr* – denn die toten Heiligen werden auferweckt und die lebenden werden beim Kommen des Herrn in den Wolken verwandelt werden (1 Thess 4,17); dies wird etwa dreieinhalb Jahre vor dem Tausendjährigen Reich sein, wie wir gleich noch sehen werden: Aber werden er und sie die ganze Zeit in der Luft schweben? Nein: sie werden ins Paradies hinaufsteigen oder in eine der vielen „Wohnungen" im Haus des Vaters (Joh 14,2) und in der schon erwähnten Zeitspanne verschwunden sein. Der Grund, warum die auferstandenen und verwandelten Heiligen sich zurückgezogen und verschwunden sind, ist Folgender: „Denn die Zeit ist gekommen, dass das Gericht anfange", und zwar „beim Haus Gottes" (1 Petr 4,17).[39]

Bemerkenswert ist, dass Edwards in drei wichtigen Punkten mit der Auslegung der Vorentrückungslehre übereinstimmt: (1) Er trennt die Entrückung und das Zweite Kommen, hier durch dreieinhalb Jahre. (2) Er benutzt die gleichen Verse wie die Vertreter der modernen Vorentrückungslehre (vgl. 1 Thess 4,17 und Joh 14,2), um die Entrückung zu beschreiben und seine Sicht zu untermauern.

---

39   Morgan Edwards, *Two Academical Exercises on Subjects Bearing the following Titles; Millenium, Last-Novelties* (Philadelphia: Self-published, 1788), S. 7

(3) Er glaubte, dass der Richterstuhl Christi (Belohnung) im Himmel für die Gläubigen stattfindet, während auf der Erde die Trübsalszeit ihren wüsten Lauf nimmt.

Der einzige Unterschied zwischen der modernen Vorentrückungslehre und der von Edwards ist die Zeitspanne von dreieinhalb Jahren anstatt von sieben zwischen Entrückung und Zweitem Kommen. Das heißt jedoch nicht, dass Edwards ein Vertreter der Entrückung inmitten der Trübsalszeit wäre; er war scheinbar der Ansicht, dass die Gesamtdauer der Trübsalszeit nur dreieinhalb Jahre betragen würde.[40]

Die Behauptung, dass die Vorentrückungslehre eine neuere Erfindung ist, ist ein mittlerweile abgenutztes Pseudo-Gegenargument. Das entspricht einfach nicht den historischen Tatsachen. Man darf natürlich die Sicht der Vertreter der Vorentrückungslehre ablehnen, aber man sollte deren Ablehnung nicht mit diesem fadenscheinigen Argument verteidigen.

Frage Nr. 2: Kann jemand, der das Evangelium vor der Entrückung gehört und abgelehnt hat, während der Trübsalszeit errettet werden?

Fast jeder, der sich schon eingehender mit Endzeit-Prophetie beschäftigt hat, wird diese Frage bejahen und zustimmen, dass Menschen während der Trübsalszeit errettet werden. Tatsächlich ist die Errettung von Männern und Frauen eine der wichtigsten Aufgaben der Trübsalszeit.

Der Prophet Joel schreib hinsichtlich dieser düsteren Zeit: „Und es wird geschehen: Jeder, der den Namen des HERRN anruft, wird gerettet werden. Denn auf dem Berg Zion und in Jerusalem wird Rettung sein, wie der HERR gesprochen hat, und unter den Übriggebliebenen, die der HERR berufen wird" (Joel 3,5).

In Offenbarung 7,9-14 wird angedeutet, dass es während der Großen Trübsal eine ebenso große Erweckung geben wird. Wie dem auch sei, viele angesehene Leute, die sich eingehend mit biblischer

---

40   Ebd.

Prophetie beschäftigt haben, stimmen in Folgendem überein: Jeder, der das Evangelium vor der Entrückung gehört und verstanden hat, es aber ablehnte, wird nicht mehr die Möglichkeit haben, sich während der Trübsalszeit zu bekehren. Man führt an, dass Gott diejenigen verblenden wird, die die Wahrheit und Gottes Gnadengeschenk vor der Entrückung ablehnten. Diese Sicht wird üblicherweise mit 2. Thessalonicher 2,9-12 belegt:

> *Ihn, dessen Ankunft gemäß der Wirksamkeit des Satans erfolgt mit jeder Machttat und mit Zeichen und Wundern der Lüge und mit jedem Betrug der Ungerechtigkeit für die, welche verloren gehen, dafür, dass sie die Liebe der Wahrheit zu ihrer Rettung nicht angenommen haben. Und deshalb sendet ihnen Gott eine wirksame Kraft des Irrwahns, dass sie der Lüge glauben, damit alle gerichtet werden, die der Wahrheit nicht geglaubt, sondern Wohlgefallen gefunden haben an der Ungerechtigkeit.*

Obwohl diese Verse diese Sicht unterstützen würden, bezieht sich der Vers nicht ausdrücklich auf Menschen, die die Wahrheit vor der Entrückung gehört und abgelehnt haben, sondern eher auf Menschen, die *nach* der Entrückung die Wahrheit ablehnen und den Antichristen annehmen. Der Kontext dieser gesamten Schriftstelle beschreibt, was während der Trübsalszeit passiert und bezieht sich auf diejenigen, die die Täuschung des Antichristen erleben, aber seiner Botschaft Glauben schenken und die Wahrheit ablehnen. Laut dieser Verse wird Gott solche Leute ablehnen. Er wird sie in ihrem Irrglauben bestärken und ihnen „eine wirksame Kraft des Irrwahns" schicken, damit sie der Lüge Glauben schenken.

Ich glaube, dass viele Menschen, die das Evangelium vor der Entrückung abgelehnt haben, auch nach der Entrückung im gleichen Fahrwasser bleiben und es wiederum ablehnen. Aber wenn man aus diesem Vers schließt, dass niemand, der schon den Anspruch Christi auf sein Leben vor der Entrückung gehört und Christus abgelehnt hat, während der Trübsalszeit das Gnadengeschenk annehmen kann, legt diesen Vers weiter aus, als es der Kontext zulässt.

Gott wird das Horrorszenario der Trübsalszeit dazu benutzen, dass Millionen von Sündern zum Glauben an seinen Sohn kommen werden (vgl. Offb 7,9-14). Zu dieser unzählig großen Schar werden sicherlich einige gehören, die den Herrn vor der Entrückung abgelehnt haben, aber ihren Irrtum erkennen, bekennen und in Demut Jesus Christus als den Sohn Gottes annehmen werden, der für sie die Sühnung der Sünden am Kreuz erkauft hat.

Was für ein wunderbar gnädiger Herr!

Frage Nr. 3: Was passiert mit den Babys und Kindern bei der Entrückung?

Wie Sie sich bestimmt vorstellen können, wird diese Frage oft von Eltern von Kleinkindern gestellt. Gläubige Eltern wollen wissen, ob ihre jungen Kinder, die noch keine eigene Entscheidung für Christus getroffen haben, zurückgelassen werden, wenn Jesus die Gemeinde heimholt.

Zunächst einmal muss man feststellen, dass es keine direkten Aussagen der Schrift zu diesem Thema gibt. Es gibt jedoch drei verschiedene Hauptauslegungen, die sich mit dieser Frage beschäftigen.

Auslegung Nr. 1: Kinder werden nicht entrückt

Die Vertreter dieser Sicht betonen, dass allein Gläubige an der Entrückung teilnehmen werden. Wenn jemand noch nicht sein Leben Christus übergeben habe, könne er oder sie nicht entrückt werden. Als Schriftbeleg verweist man auf die Sintflut und erklärt, dass die Kleinkinder bei der Zerstörung Kanaans auch nicht vom Gericht verschont worden sind.

Auslegung Nr. 2: Alle Säuglinge und jungen Kinder werden vor der Trübsalszeit in den Himmel entrückt werden

Anhänger dieser Sicht weisen sofort daraufhin, dass die Schrift deutlich impliziert, dass Kinder nach ihrem Tod in den Himmel kommen. Unterschiedliche Verse scheinen diese Annahme zu bestätigen, zum Beispiel 2. Samuel 12,20-23, Matthäus 19,13-15 und Markus 10,13-16. Wenn doch alle jungen Kinder und Säuglinge, die sich nicht bewusst für ein Leben mit Jesus entschieden haben, nach ihrem Tod in den Himmel kommen, kann man durchaus argumentieren, dass sie ebenfalls entrückt und vor der schrecklichen Trübsalszeit bewahrt würden. Diese Auslegung wird auch in der Finale-Reihe von LaHaye und Jenkins vertreten. In dieser Buchreihe sind alle Kinder unter zwölf Jahren entrückt worden, egal in welchem geistlichen Zustand sich die Eltern befanden.

Ich stimme zwar zu, dass Säuglinge und junge Kinder nach ihrem Tod in den Himmel zu Christus kommen, aber ich glaube nicht, dass das automatisch bedeutet, dass sie entrückt werden. Das sind zwei unterschiedliche Dinge.

Auslegung Nr. 3: Säuglinge und junge Kinder von Gläubigen werden vor der Trübsalszeit in den Himmel entrückt werden

Diese Sicht ist ein Mittelding zwischen Auslegung Nr. 1 und Nr. 2. Man sollte sich in diesem Bereich vor dogmatischen Aussagen hüten, jedoch glaube ich, dass diese dritte Auslegung die beste ist. Zum einen erinnert uns Paulus in 1. Korinther 7,14, dass in einer christlichen Familie die Kinder „heilig", also für Gott abgesondert sind. Der Gedanke, dass der Herr gläubige Eltern entrückt, aber ihre schutzlosen Kinder allein in der Trübsalszeit zurücklässt, ist für mich nicht nachvollziehbar.

Zweitens glaube ich, dass es für diese Auslegung einen biblischen Präzedenzfall gibt. Als der Herr in den Tagen Noahs die Sintflut schickte, wurde die ganze Menschheit vernichtet, also Männer, Frauen und Kinder. Aber Gott bewahrte Noah, seine Frau und seine drei Söhne mit ihren Frauen. Bei der Zerstörung Sodom und Gomorras starben alle Bewohner der Städte, auch die Kinder der Ungläubigen. Die einzigen, die entkamen, waren Lot und seine zwei Töchter. Auch beim ersten Passah in Ägypten wurden die ganzen Familien, also auch die Kinder, vor dem Gericht Gottes durch das Blut des Lammes an der Tür gerettet. In jedem dieser Beispiele wurden die Gläubigen und ihre Kinder vor dem Gericht bewahrt, die Nicht-Christen und deren Kinder jedoch nicht.

Obwohl mir klar ist, dass Noahs Söhne und Lots Töchter weder Säuglinge noch jüngere Kinder und wahrscheinlich selbst gläubig waren, so glaube ich doch, dass diese Stellen als klare biblische Präzedenzfälle aufgeführt werden können. Wenn Gott ein endzeitliches Gericht schickt, dann rettet er sowohl den Gläubigen als auch seine Kinder, lässt aber zu, dass Nicht-Christen und deren Kinder die Konsequenzen des Gerichts tragen müssen.

Ich glaube, dass die jungen Kinder von Ungläubigen während der Trübsalszeit die Gelegenheit bekommen werden, eine Entscheidung für Christus zu treffen, wenn sie alt genug dafür sind. Die Kinder, die während der Trübsalszeit sterben, ohne das Evangelium aus Altersgründen verstanden haben zu können, werden in den Himmel, zu Christus, kommen.

Egal, welche Sicht man bevorzugt, letztlich sollte uns alle beruhigen, dass Gott ein Gott der Liebe, des Mitgefühls, der Barmherzigkeit und Gerechtigkeit ist. Was auch immer bei der Entrückung mit den Kindern passieren wird – es wird fair, richtig und weise sein. Gott liebt unsere Kinder mehr als wir es tun. In der Tat, sie sind „kostbar in den Augen des Herrn".

Frage Nr. 4: Wenn alle Gläubigen vor der Trübsalszeit entrückt werden, wer sind dann die Gläubigen auf der Erde während der Trübsal?

In Matthäus 24,31 steht über Jesus bei seinem Zweiten Kommen in Herrlichkeit am Ende der Trübsalszeit: „Und er wird seine Engel aussenden mit starkem Posaunenschall, und sie werden seine Auserwählten versammeln von den vier Winden her, von dem einen Ende der Himmel bis zu ihrem anderen Ende."

Das wirft eine sehr wichtige Frage auf: Wenn doch alle Gläubigen vor dem Beginn der Trübsalszeit entrückt worden sind, wer sind dann diese Christen („seine Auserwählten"), die sich während der Trübsal auf der Erde befinden?

Selbstverständlich sagen die Anhänger der Lehre der Entrückung am Ende der Trübsal, dass diese „Auserwählten" die Gemeinde auf der Erde sei, mit allen, die die Drangsal überlebt haben. Die Auslegung der Vorentrückung besagt jedoch, dass dies – im Kontext von Matthäus 24 *jüdische* – Christen sind, die in den Tagen dieses schrecklichen Zorngerichtes Gottes zum Glauben kommen. Diese Menschen, die sich nach der Entrückung und während der Trübsal bekehren werden, werden oft „Gläubige der Trübsalszeit", bzw. „Endzeit-Heilige" genannt.

In Offenbarung 7 werden zwei Gruppen von Endzeit-Gläubigen genannt: 144 000 jüdische Gläubige (zwölftausend aus jedem der

Stämme Israels, vgl. 1 – 8) und eine unzählbare Menschenmenge, die für ihren Glauben als Märtyrer sterben müssen (vgl. 9 – 14).

Eine andere Frage, die in diesem Zusammenhang häufig gestellt wird, lautet: Wie finden diese Menschen zum Glauben, wenn doch alle Christen entrückt worden sind? Wer wird ihnen das Evangelium erklären?

Die Bibel trifft diesbezüglich keine genauen Aussagen, aber vielleicht wird jeder der 144 000 Juden sein persönliches „Saulus-auf-der-Straße-nach-Damaskus-Erlebnis" haben. Da sie unter so dramatischen Umständen zum Glauben kommen, werden sie Feuer und Flamme sein und das Evangelium auf dem ganzen Erdkreis verkündigen.

Ohne Zweifel werden auch viele Menschen Gott erkennen, indem sie ihre Bibel lesen, Predigtaufnahmen zuhören, christliche DVDs anschauen oder christliche Bücher lesen. Ganz bestimmt gehören dazu Bücher über die Endzeit (vielleicht sogar dieses Buch!). Sicherlich werden viele nach der Entrückung, die wie ein Schock auf die Menschheit wirken wird, auf der Suche nach Antworten sein. Einige werden sich sicherlich bekehren, weil ihnen jemand die Botschaft des Evangeliums schon vor der Entrückung erklärt hat.

Dies sollte uns dazu ermutigen, das Evangelium wie einen Samen überall auszustreuen. Man weiß nie, wann Gott solch einen Samen bewässern und neues Leben entfachen wird.

Ich muss zugeben, dass wir nicht mit Sicherheit sagen können, welche Mittel und Wege Gott gebrauchen wird, um Menschen während der Trübsalszeit zu erretten. Aber wir wissen mit Sicherheit, dass es passieren wird. Jesus sagte über das Ende der Trübsalszeit: „… dieses Evangelium des Reiches wird gepredigt werden auf dem ganzen Erdkreis, allen Nationen zu einem Zeugnis, und dann wird das Ende kommen" (Mt 24,14).

Möge Gott uns helfen, seine Botschaft treu zu verbreiten, so lange wir noch Zeit haben.

Frage Nr. 5: Wenn alle Gläubigen vor der Trübsal in den Himmel entrückt werden, warum steht dann so viel über diese Zeit in der Bibel?

Wie wir schon gesehen haben, birgt die Bibel ein großes Maß an Details über diese sieben Jahre. Große Abschnitte der alttestamentlichen prophetischen Bücher beschreiben den kommenden Tag des Herrn sehr anschaulich. Und allein die Offenbarung widmet diesem Thema vierzehn ganze Kapitel.

Aber das führt uns zur nächsten wichtigen Frage: Wenn Gott die Gläubigen vor der Trübsalszeit rettet, warum informiert er uns dann so gründlich darüber?

Obwohl ich glaube, dass alle wirklich wiedergeborenen Menschen vor der Trübsalszeit in den Himmel entrückt werden und so Gottes Zorn entkommen werden, ist es immer noch für uns wichtig zu wissen, wer die Hauptakteure in dieser Epoche sind und was genau passieren wird. Es gibt mindestens drei wichtige Gründe, warum Gott uns diese Informationen gibt und warum wir uns über die Trübsalszeit Gedanken machen sollten.

Tatsachen über die Trübsalszeit

Erstens, was Gott uns über die Trübsal offenbart hat, ist eine Art letzter Crash-Kurs in Theologie. Angefangen im 1. Buch Mose bis zum Judas-Brief enthüllt Gott wichtige und eindrückliche theologische Wahrheiten über seine Person, die Menschheit, die Schöpfung, die Erlösung, die Gemeinde, die Engel, Satan, die Dämonen und die Endzeit. An vielen Stellen der Bibel – und ganz besonders in Offenbarung 6 – 18 – macht Gott mit uns einen letzten, komprimierten theologischen Schnelldurchgang, indem er uns die Umstände der letzten Jahre dieses Zeitalters präsentiert.

Welche wichtigen Tatsachen lernen wir von der Trübsalszeit? Diese sieben schicksalsträchtigen Jahre lehren uns eine ganze Menge über die Natur der Menschen, über Gott und Satan.

- Wir erfahren (falls wir es nicht schon längst wussten), dass der Mensch sündig, leicht verführbar und rebellisch ist.

- Wir erfahren, dass Gott heilig ist und dass Sünde seinen Zorn erweckt.
- Wir werden auch daran erinnert, dass er gnädig und gütig ist und dass er selbst in der dunkelsten Stunde der Menschheitsgeschichte Millionen von Menschen erretten will (vgl. Offb 7,9-14).

Die Trübsalszeit demaskiert außerdem Satan. Timothy Demy und Thomas Ice schreiben:

> Die Trübsalszeit ist wichtig, weil gewissermaßen Satan durch sie entlarvt wird. Wir erkennen, was sein eigentliches Ziel ist. Wenn wir seinen Plan durchschauen und dieses Wissen richtig anwenden, kann das den Gläubigen in ihrem geistlichen Kampf helfen.
>
> Man sieht zum Beispiel, dass Satan während der Trübsalszeit Religion für seine Zwecke missbraucht. Das sollte uns schon heute eine Warnung sein.[41]

Wenn man sich eingehender mit der Trübsalszeit befasst, können wir daraus Erkenntnisse für unser jetziges Leben ziehen.

Warnung: Gefahr im Verzug
Zweitens dient die Entrückung jeder Generation als ernüchterndes Mahnmal, welche Konsequenzen Sünde für die Menschen hat. John MacArthur betont dies nachdrücklich:

> Einige haben gefragt, warum der Herr Menschen während der Zeit des Neuen Testaments gewarnt hat, wie zum Beispiel an dieser Stelle, obwohl er doch wusste, dass seine Zuhörer diese schrecklichen Zeichen niemals erleben würden. Warum also ist dies Teil des Evangeliums, wo es den Gemeinden jeder Generation als Warnung gedient hat? Aber eine ähnliche Frage könnte man auch an die Prophetien Jesajas und seine Warnungen vor der babylonischen Gefangenschaft richten (Jes 39,6-7), die auch erst eintrafen, als die Generation Jesajas schon verstorben war. Die Botschaft gilt

---

[41] Thomas Ice and Thimothy Demy, *The Truth About the Tribulation* (Eugene, OR: Harvest House Publishers, 1996), S. 46

als Warnung vor den Konsequenzen der Sünde – und als ganz besondere Warnung all denen, die dieses schreckliche Gericht tatsächlich erleben werden.[42]

Freunde Gottes

Drittens, obwohl die Gläubigen der Trübsalszeit entgehen werden, weiht der Herr seine Kinder bereitwillig in seine Zukunftspläne ein. Er sagt uns, was passieren wird, auch wenn wir nicht direkt ins Geschehen involviert sind.

Erinnern Sie sich an 1. Mose 18? Gott kam zu Abraham und erzählte ihm, dass er die lasterhaften Städte Sodom und Gomorrah zerstören würde. Zunächst einmal hatte das gar nichts mit Abraham zu tun. Er lebte nicht in diesen Städten. Er würde nicht da sein, wenn Gottes Gericht hereinbrechen würde. Aber Gott erzählte Abraham trotzdem davon. Warum? Weil Abraham der Freund Gottes war (vgl. 2Chr 20,7; Jak 2,23).

Der Herr sprach zu Abraham: „Wie könnte ich Abraham verbergen, was ich tun will, da er doch ein großes und mächtiges Volk werden soll und alle Völker auf Erden in ihm gesegnet werden sollen? Denn dazu habe ich ihn auserkoren" (1Mo 18,17-19). Diese Offenbarung führte dazu, dass Abraham Gott um Barmherzigkeit anflehte und um die Rettung derer bat, die in den Städten wohnten, die dem Untergang geweiht waren.

Wie Abraham, so hat Gott auch uns in seiner Gnade sein Vertrauen geschenkt und uns gezeigt, was auf der Erde während des dunkelsten Zeitalters der Menschheitsgeschichte passieren wird – obwohl wir nicht dabei sein werden (vgl. Lk 12,4; Joh 15,14-15). Und wie Abraham sollten auch wir, nachdem wir erkannt haben, was die Zukunft bringen wird, um diejenigen ringen, denen der Zorn Gottes droht. Was für ein Privileg, dass wir Gottes Gedanken und seine prophetischen Pläne für die letzten sieben Jahre dieses Zeitalter mitgeteilt bekommen!

---

42 MacArthur, *The Second Coming*, S. 88

Frage Nr. 6: Wiegt die Lehre von der Entrückung vor der Trübsal die Leute nicht in einer falschen Hoffnung?

Den Vertretern der Vorentrückungslehre wird häufig vorgeworfen, dass wir den Menschen falsche Hoffnungen machen würden, wenn wir behaupten, dass wir den kommenden Leidensjahren und dem Gericht entkommen könnten. Man unterstellt uns, dass wir verwöhnten Christen das erzählen würden, was sie hören wollen. Wenn die Wirklichkeit sie einhole, würden sie massiv enttäuscht werden.

Uns wird vorgeworfen, dass wir einen Samen ausstreuen, der völliger Ernüchterung folgen wird. Anstatt falsche Hoffnungen zu schüren, verlangen die Kritiker, solle man lieber die Gläubigen für die Trübsalszeit vorbereiten. Wenn wir das nicht täten, würden die Gläubigen gänzlich unvorbereitet sein und unter der zukünftigen Drangsal zerbrechen.

Man argumentiert folgendermaßen: Wenn die Vorentrückung nicht eintrifft, werden Millionen verweichlichte, materialistische Christen, die erwarten, vor der Trübsalszeit entrückt zu werden, aufwachen und erkennen, dass sie absolut falsch belehrt wurden. Sie werden nicht wissen, was sie tun sollen. Ich habe sogar schon Leute Folgendes behaupten hören: Wenn die Gläubigen feststellen werden, dass sie während der Trübsal auf der Erde bleiben müssen, werden sie über die Pastoren und Lehrer herfallen, die ihnen weis gemacht haben, dass sie entkommen würden.

Vier Gegenargumente fallen mir ein: Erstens geht man schon in der Fragestellung davon aus, dass die Sicht der Vorentrückung nicht stimmt – eine ziemlich gewagte These, wenn man bedenkt, was in diesem Buch erörtert wurde! Ein solches Argument basiert mehr auf Gefühlen und Ängsten, als auf fundierter biblischer Auslegung.

Zweitens, selbst wenn die Vorentrückungslehre falsch ist – sind die vom Heiligen Geist bewohnten Gläubigen wirklich so schwach, oberflächlich und schutzlos, dass sie alle unter dem Druck zerbrechen würden, nur weil unsere Bibelauslegung nicht stimmt? Was für eine zynische, pessimistische Sichtweise! Sie schmälert die Macht des Heiligen Geistes, der den Gläubigen Kraft gibt und sie durchträgt.

Drittens, lassen Sie uns einmal annehmen, dass die Christen in die Trübsalszeit hineingehen. Wie sollte man sich darauf vorbereiten? Alle Ängste, die der Jahrtausendwechsel geschürt hatte, wiederaufleben lassen? Sollen wir Schutzbunker in der Wildnis errichten? Einen Survival-Kurs belegen? Genug Lebensmittel für sieben Jahre horten? Ein Waffenarsenal einrichten? Eine Thermoskanne mit Goldstücken im Garten vergraben? Öfter in die Kirche oder Gemeinde gehen? Mehr Bibelverse auswendig lernen? Wo soll das ein Ende nehmen? Diejenigen, die behaupten, die Vorentrückungslehre würde die Gläubigen völlig unvorbereitet in die Drangsalszeit schlittern lassen, unternehmen in der Regel selber nichts, um die Menschen vorzubereiten. Ihre Argumentation ist rein rhetorisch.

Und wo wir schon mal dabei sind: Die Bibel selber lehrt uns nirgends, wie wir uns für die Trübsalszeit vorbereiten sollten. Für mich ist das ein sehr wichtiges Argument dafür, dass wir während dieser Zeit gar nicht auf der Erde weilen werden.

Viertens impliziert die Bibel, dass eine sehr große Anzahl Menschen nach der Entrückung zum Glauben kommen werden – einschließlich Millionen, die für ihren Glauben an Christus hingerichtet werden (vgl. Offb 7,9-14). Wenn diese jungen Gläubigen in der Lage sind, den Herrn selbst angesichts von Verfolgung und Tod ihr Leben anzuvertrauen, warum sollten wir daran zweifeln, dass der Herr uns nicht allen helfen würde, diese Zeit zu überstehen?[43]

Nachdem wir den Irrtum dieser Fragestellung aufgedeckt haben, lassen Sie mich noch einmal deutlich sagen, dass ich nicht glaube, dass wir enttäuscht oder ernüchtert werden. Unsere segensreiche Hoffnung besteht darin, dass Jesus uns entrücken und vor dem zukünftigen Zorn bewahren wird, genau wie er versprochen hat.

Frage Nr. 7: Darf man überhaupt ein Datum für die Entrückung nennen?

Ich habe einmal etwas über einen Mann gelesen, der während eines Vortrags behauptete: „Ich habe errechnet, dass die Entrückung in 217 Millionen Jahren stattfinden wird."

---

43   Tim LaHaye, *The Rapture: Who Will Face the Tribulation?* (Eugene, OR: Harvest House Publishers, 2002), S. 71-72

Jemand aus der Zuhörerschaft unterbrach den Redner aufgeregt: „Wie viel Jahre, sagen Sie?"

„Zweihundertsiebzehn Millionen Jahre", antwortete der Vortragende.

Der Zuhörer setzte sich erleichtert wieder hin: „Oh Mann, jetzt habe ich einen Augenblick gedacht, Sie hätten 117 Millionen Jahre gesagt!"

Die folgende Kleinanzeige erschien in einer Zeitung: „Gestern habe ich auf dieser Seite vorhergesagt, dass die Welt untergehen würde. Diese Vorhersage ist nicht eingetroffen. Ich bedaure, falls dies zu Unannehmlichkeiten geführt hat."

Wer ein konkretes Datum für die Ereignisse der Endzeit errechnet, verursacht weit mehr als nur Unannehmlichkeiten. Das ist kein Quiz, wo man einen Punkt für die richtige Antwort bekommt. Warum? Weil, wenn der große Tag kommt und nichts passiert (und so ist es immer), es Öl ins Feuer derer gießt, welche die Glaubwürdigkeit der Bibel angreifen und dafür sorgen, dass man an ihren Lehren zweifelt.

Dies hat die Leute leider bis jetzt nicht daran gehindert, sich wilden Spekulationen hinzugeben. Seit den frühen Tagen der Gemeinde haben Menschen versucht, den Zeitpunkt der Wiederkunft Christi zu errechnen. Für manche scheint es eine ungemeine Anziehungskraft auszuüben, wenn sie ein Jahr, einen Monat oder sogar einen konkreten Tag für die Errettung nennen können. Ein Datum zu errechnen, scheint eine Art geistliches „Hobby" von ihnen zu sein.

Die „Schlechtestenliste" falscher Vorhersagen

Eine Internetseite namens „Library of Date Setters" (frei übersetzt: Bibliothek der falschen Vorhersagen) listet zweihundert bekannte Vorhersagen der Entrückung oder des Weltendes auf.[44] Diese Seite ist eine Art Bestenliste (oder „Schlechtestenliste") aller Möchtegern-Propheten. Hier nur einige der bekanntesten Irrtümer.

---

44 Diese Internetseite kann man unter http://www.bible.ca/pre-date-setters.htm einsehen.

Person, welche die Vorhersage gemacht hat	Datum, an dem die Entrückung geschehen sollte
Hippolyt von Rom (ca. 200 n. Chr.) und Lactantius	500 n. Chr. (ca. 300 n. Chr.)
Eine Massenhysterie, ausgelöst durch die bevorstehende Jahrtausendwende	1000 n. Chr.
William Miller (ein Baptistenpastor aus Vermont, der die Adventbewegung gründete)	1843 – 1844
Charles Taze Russell (Die Zeugen Jehovas)	1910 (Entrückung), 1914 (das Ende der Welt)
Edgar C. Whisenant (schrieb ein Buch namens *88 Gründe, warum die Entrückung 1988 stattfinden wird*. Dieses Buch verkauft sich heute nicht mehr so gut. Er schrieb ein weiteres Buch im Jahr 1989, *89 Gründe, warum die Entrückung 1989 stattfinden wird*, das sich weit weniger gut verkaufte wie sein Vorgänger.	11.-13. September 1988
Harold Camping (schrieb ein Buch namens *Bist du bereit?*)	September 1994

Weil ich einige Bücher zum Thema Endzeit-Prophetie geschrieben habe, senden mir viele Leute öfters ihre Berechnungen zu. Im Frühjahr des Jahres 2003 erreichte mich der Brief eines Mannes, der mir darin mitteilte, dass er den Zeitpunkt der Errettung korrekt kalkuliert habe. In seinem Brief wimmelte es von allen möglichen Daten, zusammenhangslosen Fakten, grundlose Hypothesen und komplizierte Rechnungen. Aber am Ende hatte er – *voilà!* – den exakten Tag für die Entrückung berechnet.

Basierend auf all seinen Daten, hatte er den 17. Tag des Nisan, bzw. den 19. April errechnet. Interessanterweise wurde mir der Brief über ein christliches Werk zugestellt, für das ich manchmal arbeite, deshalb bekam ich den Brief erst am 22. April – *drei Tage nach* dem vermeintlichen Tag der Entrückung.

Wer ein konkretes Datum nennt, ist ein Narr! Wie traurig, dass sich die meisten Möchtegern-Propheten nicht davon abhalten lassen, obwohl alle ihre Vorgänger in Schimpf und Schande untergingen. Ihr Motto lautet scheinbar: „Warum nicht weiter raten? In diesem Spiel muss es ja mal einen Sieger geben."

Achtung, ihr Möchtegern-Propheten!

Irrt euch nicht! Die Bibel verbietet klipp und klar, ein konkretes Datum für die Wiederkunft Christi anzugeben. Alle diejenigen, die so gerne ihre Taschenrechner zücken, müssen die Worte hören, die der Herr Jesus selbst gesprochen hat:

> *Wacht also! Denn ihr wisst nicht, an welchem Tag euer Herr kommt. (Mt 24,42)*

> *Deshalb seid auch ihr bereit! Denn in der Stunde, in der ihr es nicht meint, kommt der Sohn des Menschen (Mt 24,44).*

> *So wacht nun! Denn ihr wisst weder den Tag noch die Stunde (Mt 25,13).*

> *Er sprach zu ihnen: „Es ist nicht eure Sache, Zeiten oder Zeitpunkte zu wissen, die der Vater in seiner eigenen Vollmacht festgesetzt hat" (Apg 1,7).*

Ich finde es sehr interessant, dass das Buch der Offenbarung – das mit Abstand die meisten Informationen über die letzten Tage bietet – niemals ein genaues Datum für die Wiederkehr Christi oder eines der anderen Ereignisse nennt. Alles, was Gott uns im letzten Buch der Bibel über den Zeitpunkt seiner Rückkehr mitteilt, ist die Tatsache, dass sie sehr schnell erfolgen wird (Offb 1,1.3; 3,11; 22,7.12.20).

Es ist wirklich unglaublich. Obwohl die Bibel dazu eine eindeutige Aussage trifft, berechnen die Menschen weiterhin das Kommen Christi. Jesus sagte, dass er während seines irdischen Dienstes das Datum selber nicht kannte: „Von dem Tage aber und von der Stunde weiß niemand, auch die Engel im Himmel nicht, auch der Sohn nicht, sondern allein der Vater" (Mt 24,36). Jetzt aber sitzt er zur Rechten des Höchsten und ich habe keinen Zweifel, dass er das Datum nun kennt – bis auf die genaue Stunde, Sekunde und Millisekunde.

Jeder, der vorgibt, das exakte Datum der Wiederkehr Christi zu kennen, behauptet etwas zu wissen, das der Vater noch nicht einmal seinem Sohn verriet, als er auf der Erde war. Das ist der Gipfel an Arroganz und Torheit!

Unmittelbarkeit und Terminberechnung – wie Öl und Wasser

Die Tatsache, dass die Wiederkehr Christi jeden Augenblick möglich ist, beweist, dass eine Terminberechnung für die Entrückung töricht und unerlaubt ist. Denken Sie nur einmal kurz darüber nach. Wann auch immer jemand ein konkretes Datum nennt, bedeutet es gleichzeitig, dass Christus vor diesem Datum nicht wiederkommen kann. Wenn jemand zum Beispiel behaupten würde, dass er hieb und stichfest errechnet habe, dass die Entrückung am 10. September 2020 stattfinden werde, leugnet er rundweg, dass Christus vorher wiederkommen könnte und legt fest, dass die Wiederkehr Christi eben nicht jeden Augenblick möglich ist. Da aber die Bibel ganz klar lehrt, dass Jesus Christus jederzeit zurückkommen kann, sind alle Terminierungen antibiblisch.

Das ist ein weiterer Grund, warum wir keinen konkreten Termin für den Zeitpunkt der Entrückung festlegen dürfen. Damit kommen wir zu einer weiteren, häufig gestellten Frage:

Frage Nr. 8: Können die entrückten Gläubigen vom Himmel aus die Ereignisse der Trübsalszeit auf der Erde mitverfolgen?

Wahrscheinlich hat sich schon jeder von uns irgendwann einmal diese Frage gestellt. Wie viel werden wir mitbekommen? Wie viel werden wir wissen, wenn wir auf der anderen Seite sind?

Hauptsächlich wird Hebräer 12,1 als Stelle genannt, die besagt, dass die Gläubigen vom Himmel aus die Ereignisse der Endzeit verfolgen werden. Nach der Aufzählung der alttestamentlichen Glaubenshelden wie Henoch, Abraham und Mose, fährt der Schreiber des Hebräerbriefs fort: *„Deshalb lasst nun auch uns, da wir eine so große Wolke von Zeugen um uns haben ..."* (Hervorhebung hinzugefügt). Sie haben vielleicht gehört, dass diese riesige Wolke von Zeugen mit Zuschauern in einer großen Fußballarena verglichen werden, die das Geschehen hier auf der Erde mitverfolgen.

Ich glaube jedoch, dass es in diesem Vers weniger darum geht, uns von dem Gedanken motivieren zu lassen, dass sie uns sehen, sondern dass wir sie sehen können! Wenn wir uns die Geduld, das Ausharren und die Treue dieser früheren Heiligen anschauen, dann sollte uns das Anspornen, ihrem zeugnishaften Vorbild nachzueifern.

Die Bibel macht deutlich, dass uns wenigstens ein paar der auf der Erde ablaufenden Ereignisse im Himmel bewusst sind. Der Prophet Samuel erschien nach seinem Tod König Saul und wusste über einige Dinge aus dem persönlichen Leben des Herrschers und über den Zustand des Königreichs Bescheid (vgl. 1Sam 28,16-18). Der Jubel der Engel im Himmel über die Errettung eines Sünders auf der Erde schließt scheinbar die verstorbenen und im Himmel befindlichen Gläubigen mit ein (vgl. Lk 15,7.10).

Die Märtyrer im Himmel in Offenbarung 6,9-10 wissen, dass ihre Verfolger aus der Trübsalszeit noch immer auf der Erde sind und leben. Außerdem ist die in Offenbarung 19,1-6 erwähnte Volksmenge über die Zerstörung Babylons gegen Ende der Trübsalszeit informiert.

Ob Gott unser Wissen über die irdischen Zustände begrenzen wird oder ob wir alles erkennen, wird nicht ausdrücklich erwähnt. Auf Grundlage der Schrift können wir nur sagen, dass die im Himmel befindlichen Gläubigen auf jeden Fall *etwas* der Geschehnisse auf der Erde mitbekommen und dass sie diese Ereignisse mit sehr starkem Interesse verfolgen.

Aber wenn wir erst einmal im Himmel sind, kümmern wir uns vielleicht gar nicht mehr so sehr um das, was auf der Erde vor sich geht, wie wir vielleicht meinen. In Offenbarung 4 – 5 werden die vierundzwanzig Ältesten beschrieben – die die Gemeinde repräsentieren – wie sie den Herrn während der Trübsalszeit anbeten. Obwohl wir bestimmt einige der wichtigsten Ereignisse während dieser siebenjährigen Gerichtszeit auf der Erde mitbekommen werden, so kann man klar aus dem biblischen Bericht der Offenbarung schließen, dass wir hauptsächlich damit beschäftigt sein werden, das Lamm auf dem Thron anzubeten und weniger, die Erde zu beobachten.

Frage Nr. 9: Gibt es Prophetien, die zunächst noch erfüllt werden müssen, bevor die Entrückung stattfinden kann?

In vielen Predigten über prophetische Ereignisse wird betont, „dass keine weiteren prophetischen Ereignisse stattfinden müssen, bevor die Entrückung stattfinden kann."

Das stimmt. Aber das ist auch etwas irreführend.

Diese Aussage impliziert, dass es einige prophetische Ereignisse gegeben hat, die erst erfüllt werden mussten, aber dass sie schon alle eingetreten sind. Die Schrift lehrt jedoch, dass kein Zeichen geschehen muss, bevor Jesus in den Wolken erscheint und uns nach Hause holt. Der Entrückung gehen keine Vorzeichen voraus, aus menschlicher Perspektive kann sie jeden Augenblick stattfinden. Keine der wichtigsten neutestamentlichen Stellen erwähnt irgendein prophetisches Ereignis, das vor der Entrückung stattgefunden haben muss. Alles, was passieren muss, damit Jesus wiederkommt, ist, dass Jesus Christus wiederkommt.

Alle in der Schrift erwähnten Zeichen – im Buch Daniel, in der Rede auf dem Ölberg (vgl. Mt 24), in der Offenbarung – beziehen sich auf das Zweite Kommen Jesu zur Erde und nicht auf die Entrückung. Dies ist ein großer Unterschied, den man nicht außer Acht lassen darf.

Wenn wir uns die prophetischen Hinweisschilder in der Bibel anschauen, wie sie eines nach dem anderen auftauchen, müssen wir uns vergegenwärtigen, dass diese Zeichen die kommende Trübsalszeit und das Zweite Kommen Christi in Herrlichkeit andeuten. Und Sie wissen, was das heißt. Wenn diese Ereignisse bald eintreten, dann wird die Entrückung umso früher geschehen!

Frage Nr. 10: Wie werden die zurückgebliebenen Menschen die Entrückung erklären?

Die Entrückung wird das unglaublichste Ereignis in der Menschheitsgeschichte sein. Im Bruchteil einer Sekunde werden Millionen von Menschen von der Erde verschwinden, ohne eine Spur zu hinterlassen (außer, vielleicht, einem Haufen Kleidung). Da fragt man sich schon – wie werden die Zurückgebliebenen dieses beispiellose Ereignis erklären? Die Welt wird sich in einem totalen Chaos wieder finden: führerlose Autos und Flugzeuge, Klassen ohne Lehrer und Fabriken ohne Arbeiter. Welche Erklärung werden die Menschen dafür haben?

Zweifellos werden sich alle Erklärungsversuche in hauptsächlich zwei Kategorien befinden: eine natürliche und eine übernatürliche Erklärung. Die natürliche Erklärung wird sich größerer Beliebtheit erfreuen, die Experten werden sich in den Fernsehstudios die Klinke in die Hand geben. In Talkshows aller Sender werden alle möglichen Leute sitzen, die ihre Meinung kundtun werden. Freunde von Verschwörungstheorien werden ein Fest feiern. *Tagesschau* und *heute-Journal* werden eine Sondersendung nach der anderen produzieren. Wer kann schon sagen, welche bizarren Ideen entwickelt werden? Eine Ufo-Entführung? Ein Zeitsprung? Eine neue Massenvernichtungswaffe? Die Menschen werden die Entrückung niemals aufklären können, aber das wird sie nicht daran hindern, es zu versuchen!

Die andere Erklärung für die Entrückung ist die übernatürliche. Viele der Zurückgelassenen werden sich an eine Unterhaltung erinnern, die sie mit einem Gläubigen über das Thema Endzeit geführt haben. Kirchen- und Gemeindemitglieder, die nicht errettet waren, werden sich an die Predigten erinnern, die sie bis dahin so geflissentlich ignoriert hatten. Die Entrückung könnte eines der größten evangelistischen Ereignisse aller Zeiten sein, wenn Millionen von Menschen, welche die Lehre der Entrückung kannten, sich aber nie bekehrt hatten, plötzlich begreifen, dass sie zurückgelassen wurden. Während die selbsternannten Experten ihre Theorien austüfteln, werden Tausende begreifen, was wirklich geschehen ist und werden ihre Knie demütig vor Christus beugen. Die „Heiligen der Trübsalszeit" werden verfolgt und sogar für ihre Glauben als Märtyrer sterben (vgl. Offb 6,9; 7,13-14; 20,4). Aber wenn sie diese Erde verlassen werden, werden sie zu der unzählbar großen Menschenmenge erlöster Menschen hinzutreten, die um den Thron herum versammelt sind und das Lamm anbeten.

VIERTER TEIL: DIE LEHREN DER ENTRÜCKUNG FÜR UNS HEUTE / FÜR UNSERE ZEIT

Ich bete darum, dass der Herr dieses Buch gebrauchen möge, dass Sie als Leser erkennen, dass Jesus Christus HEUTE kommen könnte – und dass Sie an das unmittelbare, jeden Augenblick mögliche Kommen Christi für seine Braut glauben könnten. Aber ich wünschte, dieses Buch könnte noch mehr ausrichten als Sie nur von der Wahrheit und dem Zeitpunkt der Entrückung zu überzeugen. Viel mehr.

Wenn wir diese Dinge wirklich glauben, werden sie einen geradezu dramatischen Einfluss auf unser tägliches Leben haben. Es ist schön, über die Entrückung und das „süße Bye bye" zu reden, aber wir alle müssen in dem garstigen Hier und Heute unser Leben führen. Der Glaube an die jederzeit mögliche Entrückung sollte uns Kraft geben für unseren Alltag, wenn wir durch die Versuchungen, Schwierigkeiten und Freuden des Lebens gehen. Das Wissen um meine Zukunft sollte meine Gegenwart tief prägen. Im letzten Abschnitt dieses Buches möchte ich darauf den Schwerpunkt legen.

KAPITEL 14
VOR DER TRÜBSAL UND VORBEREITET!

Vor einigen Jahren hörte ich in einer Frage-und-Antwort-Zeit während einer Konferenz einen der Redner Folgendes sagen: „Ich glaube an die drei V's der biblischen Prophetie: vor dem Millenium, vor der Trübsal und vorbereitet!"[45]

Mir gefällt das.

Das ist wirklich der Schlüssel. Bitte verstehen Sie mich nicht falsch. Was wir glauben, ist wirklich wichtig und wir sollten mit Vereinfachungen vorsichtig sein. Ich habe dieses Buch geschrieben, um die Lehre der Bibel über die Entrückung der Gemeinde darzulegen. Wenn das alles nicht wichtig ist, dann habe ich meine Zeit verschwendet – und Ihre.

Gott hat eine Menge Zeit und Tinte eingesetzt, um uns mitzuteilen, was uns in der Zukunft erwartet. Es ist lebenswichtig, diese Aussagen zu kennen. Aber es kommt nicht nur darauf an, welche Lehren wir festhalten, ebenso wichtig ist, welche Lehren uns festhalten. Welchen realen, praktischen und messbaren Unterschied machen diese Wahrheiten in unserem täglichen Leben?

Jeder zentrale neutestamentliche Abschnitt über die Entrückung ist mit einer praktischen Anwendung verknüpft. Die Prophetie ist uns nicht gegeben, um unsere Phantasie anzuregen oder unsere Aufmerksamkeit zu erheischen. Gott beabsichtigte, durch die Prophetie unsere Einstellung zu verändern und unser Handeln mehr in Übereinstimmung mit seinem Wort und seinem Charakter zu bringen.

Der Prophetie-Experte Charles Dyer unterstrich diese verändernde Kraft:

> „Gott gab uns die Prophetie, weil er unsere Herzen verändern wollte und nicht, um unsere Köpfe mit Wissen zu füllen. Gott sagte niemals zukünftige Ereignisse voraus, nur um unsere Neugier zu befriedigen. Immer wenn Gott zu-

---

[45] Im Englischen die drei P's: premillennial, pre-trib and prepared.

künftige Dinge ankündigt, verknüpft er das mit praktischen Anwendungen für unser Leben. Gottes Vorhersagen für die Zukunft beinhalten immer gezielte Hinweise für das Hier und Jetzt."[46]

Wenn wir die Lehre der Bibel über die Entrückung verstehen, dann wird es mindestens sieben lebensverändernde Auswirkungen auf unsere Herzen haben. Am Ende dieses Buches wollen wir nun einmal darüber nachdenken.

Die Entrückungslehre hat einen bekehrenden Einfluss auf suchende Herzen

Kein Mensch weiß, wie viel Zeit er noch auf dieser Erde hat, weder persönlich noch in prophetischer Hinsicht. Persönlich – die meisten Menschen sind sich ihrer Sterblichkeit schmerzlich bewusst. Wir haben keine Garantie, dass wir den morgigen Tag erleben werden. Prophetisch – Christus kann jeden Augenblick kommen, um seine Braut, die Gemeinde, in den Himmel zu holen; alle Nichtgläubigen werden zurückbleiben und den Schrecken der Trübsalszeit entgegen gehen. Vor diesem Hintergrund ist die wichtigste Frage, ob jeder Leser dieser Zeilen eine persönliche Beziehung zu Jesus Christus, dem Retter, hat.

Die Heilsbotschaft Jesu Christi besteht aus einer guten und einer schlechten Nachricht. Die schlechte Nachricht ist, dass die Bibel alle Menschen – auch Sie und mich – als Sünder entlarvt. Diese Sünde trennt uns von dem Heiligen Gott des Universums (lesen Sie dazu Jesaja 59,2; Römer 3,23). Gott ist heilig und kann unsere Sünden nicht einfach „übersehen" oder einmal ein Auge zudrücken. Der Gerechtigkeit muss Genüge getan werden und die Schuld muss beglichen werden. Aber geistlich gesehen sind wir am Bankrott und können nichts vorweisen, das den riesigen Schuldenberg verringern würde.

Die gute Nachricht ist, dass Jesus Christus gekommen ist und alle unsere Schulden beglichen hat. Er hat sich für uns richten lassen und den Preis für unsere Sünden bezahlt. Er ist für uns am Kreuz gestor-

---

46   Charles Dyer, World News and Bible Prophecy (Wheaton: Tyndale House Publishers, 1995), S. 270

ben und ist am dritten Tag auferstanden um ein für alle Mal zu beweisen, dass er alle Sünden völlig gesühnt hat. In Kolosser 2,14 steht: „... er hat den Schuldschein gegen uns gelöscht, den in Satzungen gegen uns bestehenden, der gegen uns war, und ihn aus unserer Mitte fortgeschafft, indem er ihn ans Kreuz nagelte..." In 1. Petrus 3,18 steht: „Denn es ist auch Christus einmal für Sünden gestorben, der Gerechte für die Ungerechten, damit er uns zu Gott führe...".

Die Erlösung, die Christus für uns erkauft hat, steht allen zur Verfügung, die an Jesus Christus glauben. Die Errettung von den Sünden ist ein kostenloses Geschenk, das Gott allen sündigen Menschen anbietet – und dabei hätten wir alle eigentlich Gericht verdient. Möchten Sie dieses Geschenkt nicht heute annehmen? Glauben Sie an Jesus Christus und vertrauen Sie ihm allein, dass er Sie ewig erlösen wird: „Glaube an den Herrn Jesus, und du wirst errettet werden, du und dein Haus" (Apg 16,31).

Jetzt, da sie die Wahrheit über die Entrückung kennen und wissen, dass jeder, der Jesus Christus ablehnt, zurückgelassen wird und durch die Trübsalszeit gehen muss, wollen Sie seine Einladung nicht annehmen, bevor es zu spät ist?

Nehmen Sie das Geschenk der Erlösung persönlich an, indem Sie Jesus Christus bitten, Sie von Ihren Sünden zu befreien. Sie können das Hier und Jetzt machen. Stellen Sie sicher, dass Sie zur Entrückung bereit sind!

Die Entrückungslehre hat einen motivierenden Einfluss auf Seelen gewinnende Herzen

Kein gläubiger Christ kann die Prophetien der Bibel studieren, ohne dabei von der Macht und Stärke Gottes, aber auch von seinem schrecklichen Zorn in Ehrfurcht und Staunen versetzt zu werden. Wenn wir die endzeitlichen Ereignisse verstehen, die unaufhaltsam auf uns zukommen, werden wir automatisch mit den Dingen konfrontiert, die auf die unerlösten Menschen warten. In 2. Korinther 5,20 werden wir an unsere Berufung in diesem gegenwärtigen Zeitalter erinnert. „So sind wir nun Gesandte an Christi statt, indem Gott gleichsam durch uns ermahnt, wir bitten für Christus: Lasst euch versöhnen mit Gott!" Solche, die bereits auf die Botschaft von Gottes Gnade und Vergebung geantwortet haben, kennen die Zukunft dieses Planeten. Wir sind Christi Botschafter, die ihn und seine Interessen gegenüber einer verlorenen Welt repräsentieren.

Die Entrückungslehre hat einen reinigenden Einfluss auf sündigende Herzen

Das Wort Gottes lehrt ganz klar, dass ein richtiges Verständnis der Entrückung ein Leben in Heiligkeit und Reinheit fördern wird. „Geliebte, jetzt sind wir Kinder Gottes, und es ist noch nicht offenbar geworden, was wir sein werden; wir wissen, dass wir, wenn es offenbar werden wird, ihm gleich sein werden, denn wir werden ihn sehen, wie er ist. Und jeder, der diese Hoffnung auf ihn hat, reinigt sich selbst, wie er rein ist" (1Joh 3,2-3). Wer die biblische Prophetie beherzigt – besonders die Lehre von der baldigen Wiederkunft Christi, wird sich selbst garantiert rein halten wollen. Beachten Sie die Bestimmtheit der Aussage: „Und jeder, der diese Hoffnung auf ihn hat, *reinigt sich* selbst, wie er rein ist".

Die perfekte Beschreibung für ein Leben in Heiligkeit lautet folgendermaßen: Rechnen Sie mit der buchstäblichen Realität der Entrückung und unserer plötzlichen Hinwegnahme von der Erde in die Gegenwart Christi in den Wolken des Himmels!

Wie ich schon kurz in Kapitel 19 erwähnt habe, erschien 1988 ein Buch mit dem Titel ‚88 Reasons Why Christ Will Return in 1988'. In diesem Buch erklärter der Autor, dass er stichfeste Beweise habe, dass Christus die Gemeinde im September 1988 entrücken werde. Einer meiner Freunde war Pastor in Oklahoma. Er rief mich im Sommer 1988 an und stellte mir einige Fragen zum Inhalt des Buches. In unserem Telefonat berichtete er mir, dass diese Publikation in seiner und in den umliegenden Gemeinden ziemliches Aufsehen erregt hatte und viele Leute aufgewühlt waren. Natürlich steht in der Bibel, wie unnütz und lächerlich es ist, ein genaues Datum für die Wiederkehr Christi zu setzen (vgl. Mt 24,36 und Lk 21,8). Dieses irrige Buch brachte aber viele Menschen dazu, ihr Leben zu überdenken – es könnte ja sein, dass der Autor doch Recht hat! Obwohl das Buch ein einziger Irrtum war, beeinflusste es doch das Leben seiner Leser, die es aufräumten, um für die Wiederkehr Christi bereit zu sein.

Jedoch müssen wir folgende Frage stellen: Was passierte mit diese Menschen im *Oktober 1988*? Blieben sie treu, erhoben sie dann und wann ihren Blick zum Himmel und erwarteten die Wiederkunft Jesu? Tatsächlich fordert die Bibel uns auf, immer mit der Wiederkehr unseres Herrn zu rechnen und nicht nur, weil jemand ein willkürliches Datum nennt (Tit 2,12-13).

Prophetie und persönliche Heiligung werden in Römer 13,11-14 ebenso miteinander verknüpft:

Den praktischen, reinigenden Einfluss von Prophetie findet man auch in 2. Petrus 3,10-14:

> *Es wird aber der Tag des Herrn kommen wie ein Dieb; an ihm werden die Himmel mit gewaltigem Geräusch vergehen, die Elemente aber werden im Brand aufgelöst und die Erde und die Werke auf ihr im Gericht erfunden werden. Da dies alles so aufgelöst wird, was für Leute müsst ihr dann sein in heiligem Wandel und Gottseligkeit, indem ihr die Ankunft des Tages Gottes erwartet und beschleunigt, um dessentwillen die Himmel in Feuer geraten und aufgelöst und die Elemente im Brand zerschmelzen werden! Wir erwarten aber nach seiner Verheißung neue Himmel und eine neue Erde, in denen Gerechtigkeit wohnt. Deshalb, Geliebte, da ihr dies erwartet, befleißigt euch, unbefleckt und tadellos von ihm im Frieden befunden zu werden!*

Wenn irgendjemand behauptet, das Studium des prophetischen Wortes sei nicht praktisch, dann offenbart er oder sie einen Mangel an Verständnis über den kraftvollen persönlichen Einfluss, den die Beschäftigung mit diesen Wahrheiten ausübt. Was könnte in einer unmoralischen, sündigen Gesellschaft wie der unsrigen praktischer sein als persönliche Reinheit?

Die Entrückungslehre hat einen beruhigenden Einfluss auf aufgewühlte Herzen

Eine weitere praktische Auswirkung der Entrückungsbotschaft ist ihr beruhigender Einfluss auf unsere aufgewühlten und beschwerten Herzen. In Johannes 14,1-3 sagt der Herr Jesus: „Euer Herz werde nicht bestürzt. Ihr glaubt an Gott, glaubt auch an mich. Im Hause meines Vaters sind viele Wohnungen. Wenn es nicht so wäre, würde ich euch gesagt haben: Ich gehe hin, euch eine Stätte zu bereiten? Und wenn ich hingehe und euch eine Stätte bereite, so komme ich wieder und werde euch zu mir nehmen, damit auch ihr seid, wo ich bin."

Das Wort *bestürzt* meint „aufgewühlt oder verstört sein, aus der Bahn geworfen oder in Verwirrung gebracht sein". Es gibt viele Dinge in unserer heutigen Welt, die uns verstören oder aus der Bahn werfen können: der moralische Niedergang unserer Gesellschaft, Kriminalität, wirtschaftliche Unsicherheit, Terrorismus, Rassenunruhen – nur um ein paar zu nennen. All diese Sorgen kommen noch zu den persönlichen Problemen, Kämpfen und Schwierigkeiten hinzu, denen wir alle im täglichen Leben gegenüber stehen. Nöte sind der gemeinsame Nenner aller Menschen. Und oft lassen uns Ratlosigkeit, Sorge und Leid desorientiert und verstört zurück. Eine der großen Tröstungen in solchen Zeiten besteht in dem Wissen, dass der Herr eines Tages kommen und uns zu sich nehmen wird.

In Johannes 14,1-3 erwähnt unser Herr drei Punkte, die unsere aufgewühlten Herzen beruhigen können: eine Person, einen Ort und ein Versprechen. Die Person ist der Herr Jesus selbst, der Ort ist die himmlische Stadt (das neue Jerusalem) und das Versprechen lautet, dass er wiederkommen wird, um uns für immer zu sich zu nehmen.

Die Entrückungslehre hat einen tröstenden Einfluss auf trauernde Herzen

Jeder, der diese Zeilen liest, hat schon einmal die Trauer erlebt, einen engen Freund oder einen geliebten Menschen zu verlieren. Wenn der Tod zuschlägt, bieten fromme Plattitüden wenig – erst Recht keinen dauerhaften Trost für die Hinterbliebenen. Der einzige reale, nachhaltige Trost, wenn ein geliebter Mensch weggerissen wurde, ist die Hoffnung, dass wir diese Person im Himmel wieder sehen werden. Gottes Wort lehrt uns mit großer Gewissheit, dass wir nicht ins Bodenlose versinken müssen, wie die Menschen, die keine Hoffnung haben, denn wir werden mit unseren erretteten Angehörigen und Freunden bei der Entrückung wiedervereinigt werden (1 Thess 4,13-18).

Die Wahrheit der Entrückung sollte unsere Einstellung zum Tod grundlegend verändern. Gott hat versprochen, dass der Tod seinen Stachel verloren hat, dass es ihn einst nicht einmal mehr geben wird, und dass das Leben regieren wird. Das bedeutet nicht, dass wir nicht trauern dürfen, wenn unsere Angehörigen oder Freunde sterben. Der Herr Jesus weinte am Grab des Lazarus (Joh 11,35) und auch die Freunde des Stephanus klagten laut beim Anblick seines gesteinigten Leichnams (Apg 8,2). Die Bibel zeigt uns jedoch, dass unser Weinen kein Ausdruck der Verzweiflung ist. Unser Erlöser möchte, dass wir in Gottes Wort im Blick auf die Zukunft seiner Kinder Hoffnung und Trost für unsere traurigen Herzen finden.

Die Entrückungslehre hat einen kontrollierenden Einfluss auf dienende Herzen

Nachdem Paulus die Wahrheit der Entrückung entfaltet hat, schließt er in 1. Korinther 15,58 mit einer starken Ermutigung: „Daher, meine geliebten Brüder, steht fest, unerschütterlich, allezeit überströmend in dem Werk des Herrn, da ihr wisst, dass eure Mühe im Herrn nicht vergeblich ist."

Weil wir *wissen*, dass Christus eines Tages kommen und uns zu sich nehmen wird, sagt uns Paulus, dass uns nichts umwerfen soll; **wir sollen stark und stetig sein** in unserem christlichen Dienst. Heute **sind leider** so viele Christen unstetig in der Arbeit für den Herrn. Sie schwanken ständig hin und her. Das Wissen um das Kommen Christi und um die zukünftigen Ereignisse sollte das Problem der Unbeständigkeit im christlichen Dienst kurieren können. Die Tatsache, dass der Herr Jesus jeden Augenblick kommen kann, wird uns in seinem Werk brennender und kraftvoller machen. Die beiden ersten Fragen, die Saulus, der spätere Paulus, dem verherrlichten Christus auf der Straße nach Damaskus stellte, lauteten: „Wer bist du, Herr?" und „Was soll ich tun, Herr?" (Apg 22,8.10). Viele bekennende Christen unserer Tage sind über die erste Frage nie hinausgekommen. Viele an Christus Gläubige sind in geistlicher Hinsicht arbeitslos!

Das biblische Prinzip ist eindeutig: Wartende sind Werkende. Wenn Christus kommen wird, sollen wir „umgürtet (sein) und die Lampen brennend (haben)" (Lk 12,35). Wenn die Entrückung eine Realität für uns ist, wird sie uns motivieren, treu für unseren Herrn zu arbeiten. Der Herr möchte, dass unsere Kenntnis der biblischen Prophetie in hingegebenen Dienst an denen, die uns umgeben einmündet – während wir seine Wiederkunft erwarten.

Warren Wiersbe erzählte einmal folgende Geschichte. Als er ein junger Mann war, predigte er über die Endzeit und legte dabei alle Ereignisse der Prophetie bis in die kleinsten Details aus. Die Zuhörer bekamen den Eindruck eines perfekten Zeitplans. Nach der Predigt kam ein alter, freundlicher Bruder zu ihm und flüsterte in sein Ohr: „Ich habe auch das Kommen des Herrn immer in einem perfekten Zeitplan gesehen; aber vor ein paar Jahren bin ich vom *Organisationskomitee* in das *Begrüßungskomitee* gewechselt."

Gewiss, wir wollen die biblische Prophetie studieren und Gottes Plan für die Zukunft kennen lernen. Deshalb habe ich ja auch dieses Buch geschrieben. Aber wir müssen vorsichtig sein, dass wir nicht vor lauter Planen und Organisieren das Willkommen heißen vergessen. Sind Sie im Begrüßungskomitee für die Wiederkunft Christi? Leben Sie jeden einzelnen Tag so, dass Sie Ihrem Meister gefallen?

Möge Gott diese Ausführungen über die Entrückung dazu gebrauchen, unser Leben zu verändern, während wir hellwach und freudig auf unseren kommenden Erlöser warten.

Die Entrückungslehre hat einen klärenden Einfluss auf verlangende Herzen

Ich las einmal über einen Mann, der sich mit einem Freund über seinen Prediger unterhielt. Er sagte: „Mein Pastor ist der beste Mann, den ich kenne, wenn es darum geht, die Bibel auseinander zu pflücken; aber das Problem ist, dass er sie nicht wieder zusammenbekommt." Vielen Christen geht es mehr oder weniger genauso.

Als die Bibel geschrieben wurde, war 28 Prozent ihres Inhalts Zukunftsprophetie. Wir können daher die Bibel nicht wirklich verstehen, ohne das ABC der Prophetie zu kennen. Die Entrückung ist ein zentrales Rädchen in Gottes Endzeit-Getriebe.

Wenn wir die Lehre der Entrückung und Gottes Vorhaben für die Endzeit kennen, wissen wir, was Gott mit unserer Welt und mit unserem persönlichen Leben vorhat. Sicherlich gibt es einige zukünftige Dinge, die im Dunkeln liegen. Die Wahrheit der Entrückung und die Ereignisse, die darauf folgen werden, zeigen jedoch ein harmonisiertes Modell von Gottes Zukunftsplan für die Gemeinde, die Welt, die Nichtgläubigen, die Nationen und Satan.

Die Entrückung klärt die Dinge. Sie rückt vieles in Gottes Wort und in der Welt um uns her in ein schärferes Licht. In dieser turbulenten, chaotischen Zeit sind Fokus und Ausblick Geschenke von unschätzbarem Wert.

Möge es Gott gefallen, die Wahrheiten in diesem Buch zu benutzen, um diejenigen, die für ihn leben möchten, herauszufordern, zu trösten und die ungelösten Fragen ihres Lebens zu klären.

ANHANG

Eine der wichtigsten Aufgaben des Leibes Christi in unserer heutigen Zeit besteht darin, die Vergangenheit nicht zu vergessen. Viel zu oft erinnern wir uns nicht mehr an Glaubenshelden und verpassen so die Gelegenheit, von ihnen zu lernen.

Die Ausführungen in diesem Anhang sind einem Artikel namens *Bibliotheca Sacra* von Dr. John Walvoord entnommen.[47] In diesem Klassiker der bibeltreuen Theologie werden fünfzig Argumente *für* die Vorentrückung genannt. Mir ist keine so umfassende, aber dabei immer noch übersichtliche und präzise abgefasste Abhandlung dieses Thema bekannt. Der Artikel wurde mit der Erlaubnis von Dr. Roy Zuck, dem Herausgeber von *Bibliotheca Sacra,* verwandt.

---

[47] John F. Walvoord, „Conclusion: 50 Arguments for Pretribulationism", *Bibliotheca Sacra* (07/1957), S. 193-199

Dr. John Walvoord, USA

50 ARGUMENTE FÜR EINE ENTRÜCKUNG *VOR* DER TRÜBSAL

I. Historische Argumente

1. Die frühe Kirche glaubte daran, dass der Herr jederzeit wiederkommen könnte; diese Haltung ist ein wesentlicher Teil der Lehre von der Vorentrückung.
2. Die Verfeinerung der Vorentrückungslehre in den letzten Jahrhunderten ist kein Beleg dafür, dass diese Doktrin neu ist. Auch andere zentrale Lehren sind im Laufe der Kirchengeschichte verfeinert und ausgearbeitet worden.

II. Hermeneutik
(die Lehre vom Verstehen eines Textes)

3. Die Lehre von der Entrückung vor der Trübsal ist die einzige Sichtweise, die eine wörtliche Auslegung (keine sinnbildliche) der alt- und neutestamentlichen Schriftpassagen über die Große Trübsalszeit erlaubt.
4. Nur die Vorentrückungssicht unterscheidet klar zwischen Israel und der Gemeinde sowie zwischen deren jeweiligen heilsgeschichtlichen Plänen.

III. Das Wesen der Trübsalszeit

5. Die Lehre von der Vorentrückung beachtet den Unterschied, den die Schrift zwischen der Großen Trübsal und der ihr vorangehenden, allgemeinen Trübsal macht.
6. Die Große Trübsal wird von Vertretern der Vorentrückungslehre als eine Zeit der Vorbereitung für die Wiederherstellung Israels ausgelegt (vgl. 5Mo 4,29-30; Jer 30,4-11). Die Trübsalszeit hat nicht den Zweck, die Gemeinde für die Herrlichkeit vorzubereiten.
7. Keine der alttestamentlichen Schriftstellen über die Trübsal erwähnt die Gemeinde (5Mo 4,29-30; Jer 30,4-11; Dan 9,24-27; 12,1-2).

8. Keine der neutestamentlichen Schriftstellen über die Trübsal erwähnt die Gemeinde (Mt 24,15-31; 1 Thess 1,9-10; Offb 4-19).
9. Im Gegensatz zur Entrückung in der Mitte der Trübsal gibt uns die Vorentrückungslehre eine plausible Erklärung für die große Trübsalszeit in Offenbarung 6. Die Sichtweise der Entrückung in der Mitte der Trübsal wird durch die durchgehende Lehre der Schrift widerlegt, nach der die Große Trübsal lange vor der 7. Posaune aus Offenbarung 11 beginnt.
10. In der Lehre von der Vorentrückung wird eine saubere Unterscheidung der verschiedenen Posaunen vorgenommen, die in der Schrift vorkommen. Es gibt keinen vernünftigen Grund für die Vertreter einer Entrückung in der Mitte der Trübsal, dass die siebte Posaune in der Offenbarung die „letzte Posaune" ist, denn es gibt in Wirklichkeit überhaupt keine Verbindung zwischen der siebten Posaune von Offenbarung 11, der letzten Posaune von 1. Korinther 15,52 und der Posaune von Matthäus 24,31. Sie stellen drei völlig verschiedene Ereignisse dar.
11. Durch die Lehre von der Entrückung vor der Trübsal wird die Einheit von Daniels 70. Jahrwoche aufrechterhalten. Im Gegensatz dazu zerstört die Sicht von der Entrückung in der Mitte der Trübsal die Einheit der 70. Jahrwoche Daniels und verwechselt Gottes Weg mit Israel mit seinem Plan mit der Gemeinde.

IV. Das Wesen der Gemeinde

12. Die Entrückung der Gemeinde wird niemals im Zusammenhang mit dem Zweiten Kommen Christi nach der Trübsal erwähnt.
13. Die Gemeinde ist nicht zum Zorn bestimmt (vgl. Röm 5,9; 1 Thess 1,9-10; 5,9). Daher kann die Gemeinde gar nicht in „den großen Tag ihres Zorns" hineingehen (Offb 6,17).
14. Die Gemeinde wird nicht in den Tag des Herrn hineingehen, der die Trübsalszeit einschließt (1 Thess 5,1-9).
15. Die Möglichkeit, dass ein Gläubiger der Trübsalszeit entgeht, wird in Lukas 21,36 aufgezeigt.
16. Der Gemeinde in Philadelphia wurde Bewahrung vor „der Stunde der Versuchung versprochen, die über den ganzen Erdkreis kommen wird, um die zu versuchen, die auf der Erde wohnen" (Offb 3,10).

17. Es ist charakteristisch für das göttliche Handeln, dass Gläubige weggenommen werden, bevor ein göttliches Gericht über die Erde geht; wir finden diese Handlungsweise Gottes bei Noah, Lot, Rahab etc. (vgl. 2Petr 2,6-9).
18. Bei der Entrückung der Gemeinde gehen alle Gläubigen in das Haus des Vaters im Himmel und verbleiben nicht auf der Erde, wie es von denen gelehrt wird, die an eine Entrückung nach der Trübsal glauben (vgl. Joh 14,3).
19. Bei der Vorentrückung wird der Leib Christi nicht gespalten; gute Werke haben keinen Einfluss darauf, wer entrückt wird. Die Lehre von einer teilweisen Entrückung basiert auf der Irrlehre, dass die Entrückung der Gemeinde eine Belohnung guter Werke sei. Stattdessen ist sie vielmehr der Höhepunkt der Errettung aus Gnade.
20. Die Schrift lehrt klipp und klar, dass der gesamte Leib – nicht nur ein Teil – beim Kommen Christi für seine Gemeinde hinweg genommen werden wird (1Kor 15,51-52; 1Thess 4,17).
21. Im Gegensatz zu der Sichtweise der teilweisen Entrückung ist die Lehre von der Vor-entrückung auf der klaren Aussage der Schrift gegründet, dass der Tod Christi von aller Verdammnis befreit.
22. In der Schilderung der Schrift besteht der Überrest, der die Trübsalszeit überdauern wird, aus Israeliten und nicht aus Gliedern der Gemeinde, wie es die Vertreter einer Entrückung nach der Trübsal behaupten.
23. Die Lehre von der Vorentrückung vermischt – im Gegensatz zu den Befürwortern einer Entrückung nach der Trübsal – allgemeine Begriffe wie *Auserwählte* oder *Heilige*, die für Errettete aller Zeitalter verwendet werden, nicht mit speziellen Bezeichnungen wie „die Gemeinde" und „denen in Christus", die sich ausschließlich auf die Gläubigen des jetzigen Zeitalters beziehen.

V. Die Lehre von dem unmittelbar bevorstehenden Kommen des Herrn

24. Die Deutung der Vorentrückungslehre ist die einzige Auslegung, die lehrt, dass das Kommen Christi unmittelbar bevorsteht.
25. Die Ermahnung, sich durch das Kommen des Herrn trösten zu lassen (vgl. 1Thess 4,18), macht nur im Zusammenhang mit der

Vorentrückung Sinn. Die Sichtweise einer Entrückung am Ende der Trübsal steht dieser Aussage diametral entgegen.

26. Die Aufforderung, „das glückselige Erscheinen" (Tit 2,13) des Heilands zu erwarten, verliert ihren Sinn, wenn zuvor erst noch die Trübsalszeit kommen muss. In diesem Fall müssten die Gläubigen auch nach Zeichen Ausschau halten.
27. Die Ermahnung, unser persönliches Leben im Blick auf das Kommen des Herrn zu heiligen, entfaltet am meisten Bedeutung, wenn sein Kommen unmittelbar bevorsteht (vgl. 1Joh 3,2-3).
28. Die Gemeinde wird durchgehend ermahnt, das Kommen des Herrn zu erwarten, während Gläubige in der Trübsalszeit aufgefordert werden, Zeichen zu beachten.

VI. Das Werk des Heiligen Geistes

29. Der Heilige Geist ist die Kraft, die das Böse noch aufhält. Er kann nicht vor der Gemeinde von der Erde weggenommen werden, denn der Heilige Geist wohnt in der Gemeinde. Die Gemeinde muss schon mit ihm zusammen entrückt werden. Die Trübsalszeit kann nicht beginnen, bevor nicht der Widerstand gegen das Böse hinweg genommen sein wird.
30. Der Heilige Geist, als der Widerstand gegen das Böse, muss die Erde verlassen haben, bevor „der Gesetzlose", der die Trübsalszeit beherrschen wird, offenbar werden kann (2Thess 2,6-8).
31. Wenn die Wendung „es sei denn, dass zuvor der Abfall gekommen ist" korrekt übersetzt wird, nämlich „es sei denn, die Hinwegnahme ist zuvor gekommen", dann zeigt diese Aussage deutlich, dass die Entrückung vor dem Beginn der Trübsalszeit stattfinden muss.

VII. Die Notwendigkeit eines Zeitabstandes zwischen Entrückung und Zweitem Kommen

32. Gemäß 2. Korinther 5,10 müssen alle Gläubigen des Gemeindezeitalters vor dem Richterstuhl Christi im Himmel erscheinen; dieses Ereignis wird niemals im Zusammenhang mit dem Zweiten Kommen Christi auf die Erde erwähnt.
33. Wenn es sich, wie viele Ausleger glauben, bei den 24 Ältesten von Offenbarung 4,1 – 5,14 um Repräsentanten der Gemeinde han-

delt, dann würde dies die Entrückung und die Belohnung (am Richterstuhl Christi) voraussetzen.

34. Die Hochzeit Christi mit der Gemeinde muss vor dem Hochzeitsfest, das nach dem Zweiten Kommen auf der Erde stattfinden wird, im Himmel gefeiert werden (Offb 19,7-10).

35. Die Heiligen aus der Trübsalszeit werden nicht beim Zweiten Kommen Christi entrückt, sondern werden gewöhnlichen Tätigkeiten nachgehen wie Äcker bestellen, Häuser bauen und Kinder gebären (Jes 65,20-25). Das alles wäre unmöglich, wenn die Heiligen beim Zweiten Kommen Christi zur Erde entrückt werden würden, wie die Vertreter einer Entrückung nach der Trübsal lehren.

36. Das Gericht über die Heiden, das dem Zweiten Kommen folgen wird (vgl. Mt 25,31-46) zeigt, dass sowohl Gerettete als auch Verlorene noch in ihren natürlichen Leibern sein werden; das wäre unmöglich, wenn die Entrückung bereits nach dem Zweiten Kommen stattfinden würde.

37. Wenn die Entrückung in Verbindung mit dem Zweiten Kommen zur Erde stattfinden würde, gäbe es keine Notwendigkeit, Schafe und Böcke in einem nachfolgenden Gericht voneinander zu scheiden. Diese Scheidung hätte ja im selben Augenblick der Entrückung der Gläubigen stattfinden müssen, bevor Christus die Erde betreten würde.

38. Das Gericht über Israel (vgl. Hes 20,34-38), das nach dem Zweiten Kommen stattfinden wird, setzt die vorhergehende Sammlung Israels voraus. Die Scheidung der Geretteten von den Verlorenen in diesem Gericht muss offensichtlich nach dem Zweiten Kommen Christi stattfinden und wäre völlig unnötig, wenn eine Entrückung der Geretteten zuvor bereits stattgefunden hätte.

VIII. Gegensätze zwischen Entrückung und Zweitem Kommen

39. Im Augenblick der Entrückung begegnen die Heiligen Christus in der Luft, während Christus beim Zweiten Kommen zum Ölberg zurückkommen und die Heiligen auf der Erde treffen wird.

40. Bei der Entrückung bleibt der Ölberg unverändert, während er sich beim Zweiten Kommen spalten wird; dann wird ein Tal zum Osten Jerusalems hin entstehen (Sach 14,4-5).

41. Bei der Entrückung werden lebende Heilige verwandelt, während beim Zweiten Kommen Christi keine Heiligen entrückt werden.
42. Bei der Entrückung gehen die Heiligen in den Himmel, während die Heiligen beim Zweiten Kommen ohne Entrückung auf der Erde verbleiben werden.
43. Im Augenblick der Entrückung ist die Welt noch nicht gerichtet und verharrt in der Sünde, während beim Zweiten Kommen die Welt gerichtet und Gerechtigkeit auf der Erde aufgerichtet werden wird.
44. Die Entrückung der Gemeinde wird als Rettung vor dem Tag des Zorns beschrieben, während auf das Zweite Kommen die Errettung jener folgt, die während der Trübsalszeit an Christus gläubig geworden sind.
45. Die Entrückung wird als plötzliches Ereignis beschrieben, während dem Zweiten Kommen bestimmte Zeichen vorangehen werden.
46. Die Entrückung von lebenden Gläubigen ist eine Wahrheit, die ausschließlich im Neuen Testament offenbart wird, während das Zweite Kommen mit den damit verbundenen Ereignissen eine bekannte Lehre beider Testamente ist.
47. Die Entrückung betrifft lediglich die Geretteten, während das Zweite Kommen mit Geretteten und Verlorenen zu tun hat.
48. Bei der Entrückung wird Satan noch nicht gebunden, während er beim Zweiten Kommen gebunden und in den Abgrund geworfen werden wird.
49. Zwischen der Gemeinde und ihrer Entrückung steht keine einzige unerfüllte Prophetie, während vor dem Zweiten Kommen Christi viele Zeichen erfüllt werden müssen.
50. Keine einzige Bibelstelle, die mit der Auferstehung von Heiligen beim Zweiten Kommen zu tun hat, erwähnt eine gleichzeitig stattfindende Entrückung von lebenden Heiligen.

EIN VORSCHLAG FÜR DEN ABLAUF DER ENDZEIT

Viele meiner Bücher über Endzeit-Prophetie ergänze ich im Anhang mit dieser Chronologie. Mir ist bewusst, dass es ziemlich schwer ist, alle Aspekte der Endzeit-Prophetie chronologisch einzuordnen. Dieser Ablauf ist nur das Resultat meiner redlichen Bemühungen und beruht auf dem Stand meiner heutigen Erkenntnis. Ich behaupte nicht, dass jedes Detail dieser Chronologie stimmen muss, aber ich bete, dass es Ihnen ein gutes Werkzeug sein wird, um einen Überblick über alle Ereignisse der Endzeit zu bekommen, und um die Vorgänge besser zu verstehen.

I. *Ereignisse im Himmel*

A. Die Entrückung der Gemeinde (vgl. 1Kor 15,51-58; 1Thess 4,13-18; Offb 3,10)
B. Der Richterstuhl Christi (vgl. Röm 14,10; 1Kor 3,9-15; 4,1-5; 9,24-27; 2Kor 5,10)
C. Die Hochzeit des Lammes (vgl. 2Kor 11,2; Offb 19,6-8)
D. Das Singen zweier besonderer Lieder (vgl. Offb 4-5)
E. Das Lamm erhält das Buch mit den sieben Siegeln (vgl. Offb 5)

II. *Ereignisse auf der Erde*

A. Siebenjährige Trübsalszeit

1. Der Beginn der Trübsal

a. Die siebenjährige Trübsalszeit beginnt, wenn der Antichrist einen Bund mit Israel schließt und Israel und Jerusalem Frieden bringt (vgl. Dan 9,27; Hes 38,8.11).
b. Der jüdische Tempel in Jerusalem wird wiedererbaut (vgl. Dan 9,27; Offb 11,1).
c. Das wiedervereinigte Römische Imperium tritt als ein Zehn-Staaten-Bund hervor (vgl. Dan 2,40-44; 7,7; Offb 17,12).

2. *Die erste Hälfte der Trübsal (dreieinhalb Jahre)*
a. Die sieben Siegelgerichte werden geöffnet (vgl. Offb 6).
b. Die 144000 jüdischen Gläubigen treten ihren wichtigen evangelistischen Dienst an (vgl. Offb 7).
c. Gog und seine Verbündete marschieren in der Friedenszeit in Israel ein, während Israel mit dem Antichristen verbündet ist; Gott wehrt den Angreifer auf übernatürliche Weise ab (vgl. Dan 11,40-45; Hes 38 – 39). Dies passiert wahrscheinlich am Ende der dreieinhalb Jahre. Die Vernichtung dieser Angreifer wird eine Gleichgewichtsverschiebung in der Machtstruktur herbeiführen, was dem Antichristen seinen Aufstieg an die Spitze der Weltregierung ermöglicht.

3. *Die Mitte der Trübsal*
a. Der Antichrist bricht sein Bündnis mit Israel und marschiert in das Land ein (vgl. Dan 9,27; 11,40-41).
b. Der Antichrist festigt sein Imperium, indem er Ägypten, den Sudan und Libyen plündert, deren Armeen gerade von Gott im Kampf um Israel zerstört worden sind (vgl. Dan 11,42-43; Hes 38 – 39).
c. Während er in Afrika ist, erreicht den Antichristen die Nachricht von einem Aufstand in Israel; sofort kehrt er dorthin zurück, um viele zu töten und zu vernichten (vgl. Dan 11,44).
d. Der Antichrist setzt den Gräuel der Verwüstung in den wiedererbauten Tempel (vgl. Dan 9,27; 11,45; Mt 24,15; 2Thess 2,4; Offb 13,5.15-18).
e. Irgendwann im Laufe dieser Ereignisse wird der Antichrist auf brutale Weise getötet, möglicherweise durch eine Kriegshandlung oder durch ein Attentat (vgl. Offb 13,3.12.14; 17,8).
f. Satan wird aus dem Himmel geworfen und beginnt mit der Frau, Israel, Krieg zu führen (vg. Offb 12,7-13). Die zwei Hauptwaffen im Kampf gegen Israel sind die zwei in Offenbarung 13 beschriebenen Tiere.
g. Der treue jüdische Überrest flieht nach Petra, das im heutigen Jordanien liegt, wo er von Gott während des Rests der Trübsalszeit auf übernatürliche Weise beschützt wird (vgl. Mt 24,16-20; Offb 12,15-17).

h. Der Antichrist wird auf wundersame Weise von den Toten auferweckt und der in ehrfürchtiges Staunen versetzten Welt präsentiert (vgl. Offb 13,3).
i. Nach seiner Auferstehung von den Toten gewinnt der Antichrist die politische Kontrolle über die zehn Könige des wiedervereinigten römischen Imperiums. Drei dieser Könige werden vom Antichristen getötet und die anderen sieben ordnen sich unter (vgl. Dan 7,24; Offb 17,12-13).
j. Die beiden Zeugen beginnen ihren dreieinhalbjährigen Dienst (vgl. Offb 11,2-3).
k. Der Antichrist und die zehn Könige zerstören das religiöse System Babylons und errichten dort ihr eigenes religiöses Hauptquartier (vgl. Offb 17,16-17).

4. *Die letzte Hälfte der Trübsal (dreieinhalb Jahre)*
a. Der Antichrist lästert Gott und der falsche Prophet vollbringt große Zeichen und Wunder und fördert die gotteslästerliche Anbetung des Antichristen (vgl. Offb 13,5.11-15).
b. Das Zeichen des Tieres (666) wird eingeführt und vom falschen Propheten bestärkt (vgl. Offb 13,16-18).
c. Von der Macht Satans unterstützt, beherrscht der Antichrist die Welt auf politischer, religiöser und wirtschaftlicher Ebene (vgl. Offb 13,4-5.15-18).
d. Die Posaunen-Gerichte werden in der letzten Hälfte der Trübsal ausgeschüttet (vgl. Offb 8 – 9).
e. Satan intensiviert seine unerbittliche und gnadenlose Verfolgung aller Juden und Gläubigen aus den Nationen, denn er weiß genau, dass ihm nur eine kurze Zeit zur Verfügung steht (vgl. Dan 7,25; Offb 12,12; 13,15; 20,4).

5. *Das Ende der Trübsal*
a. Die Zornesschalen werden in rascher Abfolge ausgeschüttet (vgl. Offb 16).
b. Die Schlacht um Harmageddon beginnt (vgl. Offb 16,16).
c. Die Wirtschaftsmacht Babylon wird zerstört (vgl. Offb 18).
d. Die beiden Zeugen werden vom Antichristen getötet und werden von Gott dreieinhalb Tage später wieder auferweckt (vgl. Offb 11,7-12).

e. Christus kehrt auf den Ölberg zurück und vernichtet im ganzen Land die Armeen, die sich gegen ihn gestellt haben – von Megiddo bis Petra (vgl. Offb 19,11-16; Jes 34,1-6; 63,1-5).
d. Die Vögel versammeln sich und machen sich über die Leichen her (vgl. Offb 19,17-18).

B. Nach der Trübsal

1. Ein Intervall oder eine Übergangszeit von fünfundsiebzig Tagen (vgl. Dan 12,12)

a. Der Antichrist und der falsche Prophet werden in den Feuersee geworfen (vgl. Offb 19,20-21).
b. Der Gräuel der Verwüstung wird aus dem Tempel entfernt (vgl. Dan 12,11).
c. Israel wird versammelt (vgl. Mt 24,31).
d. Israel wird gerichtet (vgl. Hes 20,30-39; Mt 25,1-30).
e. Die Nationen werden gerichtet (vgl. Mt 25,31-46).
f. Satan wird gebunden und in den Abgrund geworfen (vgl. Offb 20,1-3).
g. Die alttestamentlichen Gläubigen und die Gläubigen aus der Trübsalszeit werden auferweckt (vgl. Dan 12,1-3; Jes 26,19; Offb 20,4).

2. Die tausendjährige Herrschaft Christi auf der Erde (vgl. Offb 20,4-6).

3. Satans letzter Aufstand und seine Niederlage (vgl. Offb 20,7-10).

4. Das Gericht der Verlorenen vor dem großen weißen Thron (vgl. Offb 20,11-15).

5. Die Zerstörung der jetzigen Himmel und der Erde (vgl. Mt 24,35; 2Petr 3,3-12; Offb 21,1).

6. Die Schöpfung des Neuen Himmels und der Neuen Erde (vgl. Jes 65,17; 66,22; 2Petr 3,13; Offb 21,1).

7. Die Ewigkeit (vgl. Offb 21,9 – 22,5).

Beim Christlichen Mediendienst – CMD – sind weitere Bücher erhältlich:

Arnold G. Fruchtenbaum
Das Leben des Messias
Zentrale Ereignisse aus jüdischer Perspektive

CMD, Paperback, 3. Auflage, 176 Seiten
ISBN 978-3-939833-05-5
Euro 9,50

Manchmal haben an Christus gläubig gewordene Juden einen besseren Zugang zum Wort Gottes als Christen aus den Nationen. Vor allem dann, wenn sie solch gründliche Studien durchlaufen haben wie Arnold G. Fruchtenbaum.
  In diesem Buch beschäftigt sich der Autor mit zentralen Ereignissen im Leben des Messias. Er beleuchtet schlichte Evangelientexte – wie zum Beispiel die Geburt oder die Verklärung Jesu – im Licht ihres jüdischen Bezugsrahmens und beschränkt sich besonders auf diejenigen Passagen im Leben Jesu, die das Wissen um den jüdischen Hintergrund zum Verständnis benötigen. Der Leser wird dabei große Kostbarkeiten entdecken, die ihm zu einem tieferen Verständnis der Schrift verhelfen können. ISBN: 978-3-939833-05-5

Arnold G. Fruchtenbaum
Der Hebräerbrief

Geb., 240 Seiten
ISBN 978-3-939833-50-5
Euro 19,50

Dem Autor gelingt ein zweifaches Kunststück: Zum einen zeigt er den Roten Faden auf, der sich durch den Brief zieht. Zum andern bleibt Dr. Fruchtenbaum durchgehend seinem Auslegungsprinzip treu: Er interpretiert die Aussagen immer unter Berücksichtigung ihres messanisch-jüdischen Bezugsrahmens. Auf diese Weise leuchtet die Botschaft des Hebräerbriefes ganz neu auf. Besonders die so genannten „fünf Warnstellen" des Briefes werden hier ganz fein im Zusammenhang des Briefes erklärt. Wegen ihrer guten Verständlichkeit kann diese Auslegung von jedem Christen gelesen und angewandt werden.

Arnold G. Fruchtenbaum
Der Jakobusbrief

Hardcover, 160 Seiten
ISBN 978-3-939833-51-2
Euro 14,50

Seit vielen Jahren arbeitet Dr. Fruchtenbaum an einer Kommentarreihe zur gesamten Bibel – wie gewohnt aus der messianisch-jüdischen Perspektive.

„Der Jakobusbrief" ist ein weiterer Teil aus den so genannten „Messanisch-jüdischen Episteln", die im amerikanischen Original in einem einzigen Band erschienen sind.

Dieser verständliche und praktische Kommentar wird dem Nutzer beim neuen Studium des Jakobusbriefes viel Gewinn bringen.

Christlicher Mediendienst GmbH – CMD

Postfach 1322 · D-36082 Hünfeld
Telefon: (06652) 91 81 87 · Fax: (06652) 91 81 89
E-Mail: mail@mediendienst.org
Internet: www.mediendienst.org

NOTIZEN